ASAHI SENSHO
朝日選書
1021

国民義勇戦闘隊と学徒隊

——隠蔽された「一億総特攻」——

斉藤利彦

朝日新聞出版

国民義勇戦闘隊と学徒隊●目次

――隠蔽された「一億総特攻」――

国民義勇戦闘隊と学徒隊をめぐる動き

第一章 「本土決戦」と国民義勇隊の創設

第二章　「一億総特攻」への準備

第三章 各地における国民義勇隊の結成と動員

第四章　老若男女に課せられた兵役

第五章　国民義勇戦闘隊の戦闘方法と『国民抗戦必携』

第七章 国民義勇戦闘隊の戦死者

国民義勇戦闘隊と学徒隊をめぐる動き

一九三一年九月　満州事変勃発
一九三七年七月　日中戦争開始
一九四一年一二月　大東亜戦争開始
一九四二年四月　ドゥーリトル空襲。米軍による本土への初の空襲
　六月　ミッドウェー海戦。主力空母四隻を失う大敗北
一九四三年五月　アリューシャン列島のアッツ島二六五〇名全滅
　一一月　ギルバート諸島タラワ島四六〇〇名全滅
　ソロモン諸島ガダルカナルをめぐる攻防で、三万名のうち二万名を失い撤退
一九四四年二月二五日　学徒の常時動員や女子挺身隊強化などを定めた「決戦非常措置要綱」閣議決定
　六月　サイパン島での攻防で全滅に近い敗北
　一〇月　フィリピン攻防戦。レイテ島、ルソン島敗北　（中国戦線を除き）三〇万人の戦死者
一九四五年一月二〇日　大本営が本土決戦に向け「帝国陸海軍作戦計画大綱」の制定
　二月四日～一一日　ヤルタ会談　ソ連、対日参加を決定
　二月上旬　アメリカ軍硫黄島に上陸、一カ月にわたる戦闘で二万名余が全滅
　三月九日　児童の集団疎開を推奨する「学童疎開強化要綱」を閣議決定

三月一〇日　東京大空襲　約一〇万人が犠牲となった
三月一八日　学徒の勤労動員体制の一層強化のため、**国民学校初等科を除き授業を停止する「決戦教育措置要綱」を閣議決定。学徒隊結成の方針も示される**
三月二〇日　本土決戦の作戦準備の重要事項を示す**「決号作戦準備要綱」**の内示（発令は四月八日）
三月二三日　**「国民義勇隊組織ニ関スル件」が閣議決定**
三月二四日　国民義勇隊を軍事的に指導する**「地区特設警備隊臨時編成要頭」**が令達
三月二六日　愛知県で国民義勇隊を統括する内政部長が「皇土防衛学徒隊組織並決戦増産報国隊長会議開催ニ関スル件」を発する
四月　大本営陸軍部が「決号作戦に応ずる交通作戦準備要綱」を決定
四月一日　アメリカ軍による沖縄本島総攻撃
四月二日　**「国民義勇隊組織ニ関スル件」**のあらたな閣議決定で「国民義勇隊ノ中央、地方ノ機構成ルト同時ニ大政翼賛会、翼賛壮年団ヲ解体スルコト」および「大政翼賛会所属ノ各団体モ事情ノ許ス限リ逐次国民義勇隊ニ解体参加セシムルコト」
四月三日　吉野信次愛知県知事が「学徒動員一周年記念」の標題で各学校長に宛て訓令
四月四日　文部省体育局が**学徒の戦闘力錬成を目的とした「学徒体錬特別措置要綱」**を通達
四月五日　ソ連、日ソ中立条約の廃棄を通告
四月八日　陸軍大臣阿南惟幾が本土決戦における将兵の心構えを定めた**「決戦訓」**を示

達

四月一三日　**国民義勇戦闘隊の創設を意図する「状勢急迫セル場合ニ応ズル国民戦闘組織ニ関スル件」**閣議決定

本土決戦の作戦準備を、近畿地方に即して具体化した**「極秘　近畿地方総力交戦準備要綱草案」**の策定

四月一四日　国民義勇隊と警防団の一体化を目的とする**「国民義勇隊組織ト警防団トノ関係ニ関スル件」**

四月一五日　大本営陸軍部によって出された**「地区特設警備隊運用の参考（案）」**

愛知県の主催の下に愛知県学徒義勇隊結成式が県庁南広場で開催される。

岐阜県でも「学徒義勇隊幹部訓練」結成式を挙行、三重県も結成

四月二〇日　大本営陸軍部が、戦闘下で兵士が守るべき「戦闘守則」である**「国土決戦教令」**を配布

学徒の軍事戦力化を図る**「学徒軍事教育特別措置要綱」**（文部次官通牒）

四月二五日　大本営陸軍部が**国民義勇戦闘隊用の戦闘マニュアル『国民抗戦必携』**発刊

四月二七日　国民義勇隊の編成完了を五月末とする**「国民義勇隊ノ組織運営指導ニ関スル件」**が閣議決定

四月三〇日　愛知県内政部長が各校長宛てに**「愛知県学徒義勇隊編成要綱」**を通達

五月二二日　**「戦時教育令」を公布し、**教職員と学生・生徒により学徒隊を組織すること、および戦時に求められる軍事訓練を行なうことを指示

文部省が「戦時教育令施行規則」を制定

六月八日　天皇臨席の下での「最高戦争指導会議」が行なわれ、**「今後採ルベキ戦争指導ノ基本大綱」決定**。深刻な戦況ながらも戦争の完遂の方針を決める
臨時帝国議会が召集、「本土決戦」に即応する諸法案を審議

六月一二日　愛知県「学徒隊女子指導者訓練実施ニ関スル件通牒」が各女子中等学校長、各女子各種学校長、青年学校長および各国民学校長に発せられた

六月一三日　大政翼賛会樺太支部、大日本婦人会樺太支部が解散し、樺太国民義勇隊が発足

六月二〇日　京都地区司令部複製「国民義勇戦闘隊教令（案）」（昭和二〇、六、二〇）の策定

六月二二日　老若男女に「兵役」を課す**「義勇兵役法」**が天皇により裁可され、翌二三日公布
国民義勇戦闘隊員にも陸海軍の軍法を適用する「国民義勇戦闘隊ニ関スル陸軍刑法、海軍刑法、陸軍軍法会議法及海軍軍法会議法ノ適用ニ関スル法律」が公布

六月二三日　陸軍省次官から陸密第四二〇九号**「国民義勇隊等ノ国民義勇戦闘隊ヘノ転移準備要領ニ関スル件通牒」**が各軍管区参謀長宛てに出される
「義勇兵役法施行令」公布
「国民義勇戦闘隊統率令」制定
沖縄戦終結

六月二四日　陸海軍により**「国民義勇戦闘隊教令」**が発令され、「皇軍」と同様の軍律

と戦闘方針が明らかにされる

六月二五日　陸軍省兵務局「国民義勇戦闘隊ノ礼式、懲罰、服装ニ関スル説明」制定。戦闘隊員に様々な規則や処罰が設けられる

六月二九日　文部省総務局長・内務省地方局長による**「学徒隊ト国民義勇隊トノ関連ニ関スル件」**

「国内戦場化に伴う運輸緊急対策に関する件」が閣議決定。防衛施設の整備、防衛労務および資材・器材の確保等を命令

六月三〇日　それまで十分には明確でなかった国民義勇隊と学徒隊との関係について、文部省による「組織は変へず編入　学徒隊も国民義勇隊に」とする通牒が報道される

七月五日　「義勇兵役法施行規則」公布

七月一〇日　学徒隊の結成強化の実現のために、文部省は文部省官制第四条「総務局」を「学徒動員局」に改組

七月一六日　大本営陸軍部「決号作戦ニ於ケル対戦車戦闘要綱」を発令。具体的な戦法を示し、全将兵に対戦車肉迫攻撃の訓練を要求

七月一七日　全国各地の国民義勇隊の動向について、内務省の部局である警保局保安課により**「㊙国民義勇隊ノ運用活動状況」**が報告される

七月二〇日　本土決戦に向け国民二八〇〇万人の「根こそぎ動員」を計画した「軍事機密　新次官ニ対スル状況報告要旨」を作成

七月二三日　鉄道輸送力の確保を目的に「鉄道義勇戦闘隊」下令

八月一日　「鉄道義勇戦闘隊」の結成式
八月三日　愛知県で「学徒隊第八次幹部要員受訓練学徒銓衡ニ関スル件」の発令
八月八日　ソ連、日本に宣戦布告
八月九日　「学徒隊第八次幹部要員学徒訓練ニ関スル件」※愛知県公文書館の幹部訓練に関する資料では、最後の日付
八月一〇日または一五日　「国民義勇戦闘隊動員計画等ニ関スル規定」（昭和二〇、七、二六　福井地区指令部調製）により、福井地区国民義勇戦闘隊の召集日と定められる
八月一一日　愛知県「学徒隊女子指導者訓練強化ニ関スル件」が各学校長宛に発せられた
八月一五日　昭和天皇による玉音放送
八月二〇日　国民義勇隊の解散を閣議決定
九月二日　東京湾の戦艦ミズーリで連合国に対する降伏文書の調印式が行なわれ、戦闘が終結
九月二六日　陸軍次官により各軍管区師管区司令官宛て「緊急」として、特設警備隊、地区特設警備隊、国民義勇戦闘隊の兵力配備および兵力配置の調査指令が出された

国民義勇戦闘隊と学徒隊
――隠蔽された「一億総特攻」――

斉藤利彦

原則として、引用のうち、読みやすさを踏まえ、一部表記を常用漢字に改めました。

また、難読と思われる漢字には適宜ルビを振りました。

引用に、今日の人権意識に照らして、不適切な語句が見られますが、時代的背景と資料性を考慮し、原文のままの表記としました。

資料で判別できない表記は空欄（□）とし、（……）は中略を意味します。敬称は省略しました。

はじめに

1　「国民総武装」の実現

戦後七五年をむかえた今日、あらためてあの戦争、すなわち「満洲事変」（一九三一年）に始まり「日中戦争」（同三七年）へと拡大し、さらにはアメリカ・イギリス等との「大東亜戦争」（同四一年）へと至る一五年間の戦争において、いったい何が行なわれ、国民にとって何が起こり、そしてどのような帰結をむかえたのかが問われている。

例えば、七五年前の夏、あの沖縄戦と同じように、すべての老若男女を巻き込んだ「決戦」が、本土において戦われようとしていたことを、私たちはどれだけ正確に認識しているだろうか。

防衛省防衛研究所戦史研究センター所蔵の陸軍一般史料「戦争指導／重要国策文書」という資料階層に、「大本営本土決戦準備」と書かれた一群の文書がある。その中の「本土決戦の思想と戦法」の「挺身斬込《ていしんきりこみ》戦法を重視せよ」は、以下のように記されている。

「尚これより先四月二十五日大本営陸軍部は『国民抗戦必携』を公布して国民に決戦参加の心構へ、即ち一億特攻皇土護持《こうどごじ》に奮戦すべきこと、並に国民は国民義勇戦闘隊《こくみんぎゆうせんとうたい》として戦闘の訓練、陣地の構築を実行し、各々その郷土を守り、挺身斬込戦法に依って軍の作戦に協力すべきことを要望した[*1]」

ここに記述されている、天皇の統帥による最高決定機関「大本営陸軍部」や「国民義勇戦闘隊」「決戦参加の心構へ」「一億特攻」「挺身斬込戦法」等の用語は、現代ではもはや全く馴染みのないものとなっているかもしれない。

しかし、それが具体的に何を意味したものであったのか、「決戦参加」や「一億特攻」の中には、老若男女や生徒たち（学徒隊）が含まれていたのであり、それを担うとされた国民義勇戦闘隊とはいったいどのような組織であったのかを知ることは重要である。全国民を直接に戦闘に巻き込む国家規模での未曽有の動員であったが故に、その経緯や実態は正確に解明されなければならないだろう。

この国民義勇戦闘隊とは、一九四五年三月二三日に閣議決定された国民義勇隊を母体としていた。この国民義勇隊は、後に詳述するように「国民学校初等科修了以上ノ者ニシテ男子ニ在リテハ六十五歳以下女子ニ在リテハ四十五歳以下」の全国民を対象とした組織であった。「本土防衛態勢ノ完備」に向けた様々な労役が課され、さらに「状勢急迫セル場合ハ武器ヲ執ツテ決起スルノ態勢へ移行」することが定められていた。この「武器ヲ執ツテ決起スルノ態勢」の実現こそが、国民義勇戦闘隊に課された役割であった。

また、学徒隊は同年三月一八日の閣議決定「決戦教育措置要綱」により示された学校単位の組織であり、続く文部省通牒《つうちょう》は学徒隊を、「その組織を以て国民義勇隊となるものとす。この場合においては学徒義勇隊と呼称す」とし、これにより国民義勇戦闘隊への移行も具体化していった。国民義勇戦闘隊は学徒隊を包含する組織でもあったのである。

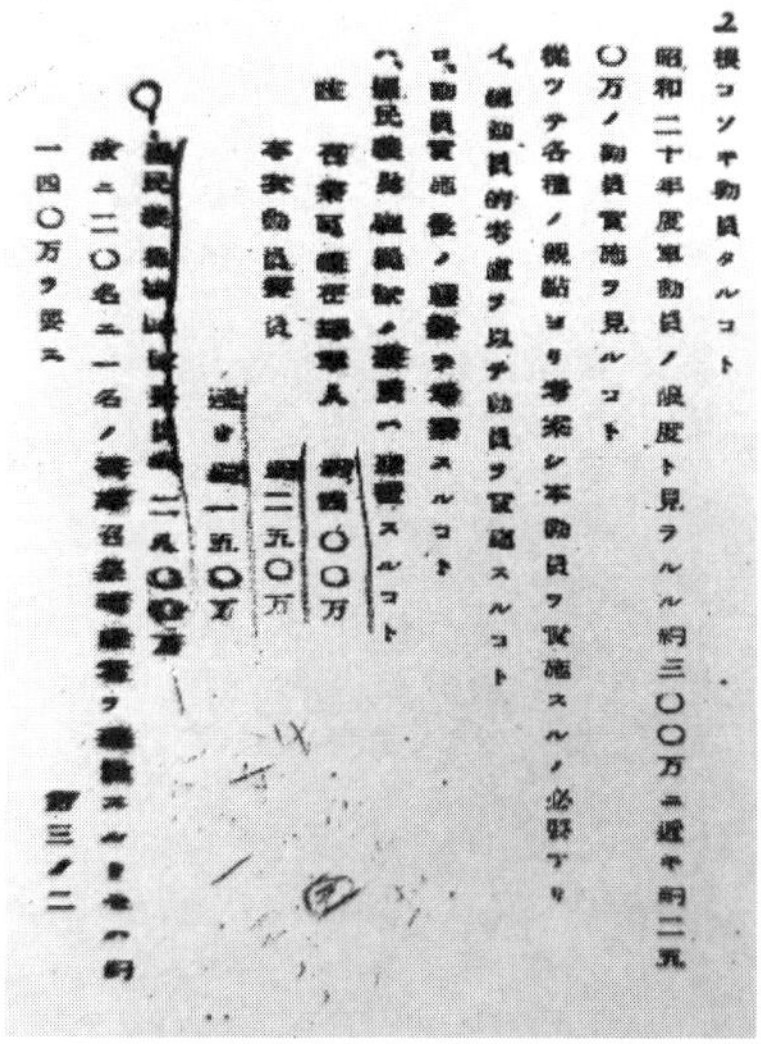
2 根コソギ動員タルコト
昭和二十年度軍動員ノ限度ト見ラルル約三〇〇〇万ニ近キ約二九〇〇万ノ動員実施ヲ見ルコト
従ツテ各種ノ観点ヨリ考究シ本動員ヲ実施スルノ必要アリ
イ、総動員的考慮ヲ以テ動員ヲ実施スルコト
ロ、動員実施後ノ運営ヲ考慮スルコト

「国防大綱関係重要書類綴」に収められていた「新次官ニ対スル状況報告要旨」

2　二八〇〇万人の動員計画

国民義勇戦闘隊について、大本営は本土決戦における国民二八〇〇万人（当時の全人口は約七二〇〇万人）の「根こそぎ動員」を計画し、実際にそれを押し進めていた。

そのことを示すのは、先の防衛省防衛研究所戦史研究センターに収められた「国防大綱関係重要書類綴」の中の、陸軍省軍務局による一九四五年七月二〇日付「軍事機

密　新次官ニ対スル状況報告要旨」である。その中の「第三　動員関係事項」に注目しよう。

この「動員関係事項」にある「(三) 今次動員ノ特質ニ就テ」の「2　根コソキ動員タルコト」の中で、「軍動員」として「約二五〇〇万ノ動員実施ヲ見ルコト」とされ、それに加えて「国民義勇戦闘隊員　二八〇〇万」と記されている。

この資料以外にも、前述の「大本営本土決戦準備」の中には、「本土防衛総兵力」の項目があり、そこには「海上特攻戦力　約三三〇〇隻《せき》」「陸軍関係の軍人軍属の総数は約二二五万」、「海軍関係の軍人軍属の総数は約一〇五万」等々と並び、「国民義勇戦闘隊の要員は二八〇〇万」と同一の数字が記されている。*2

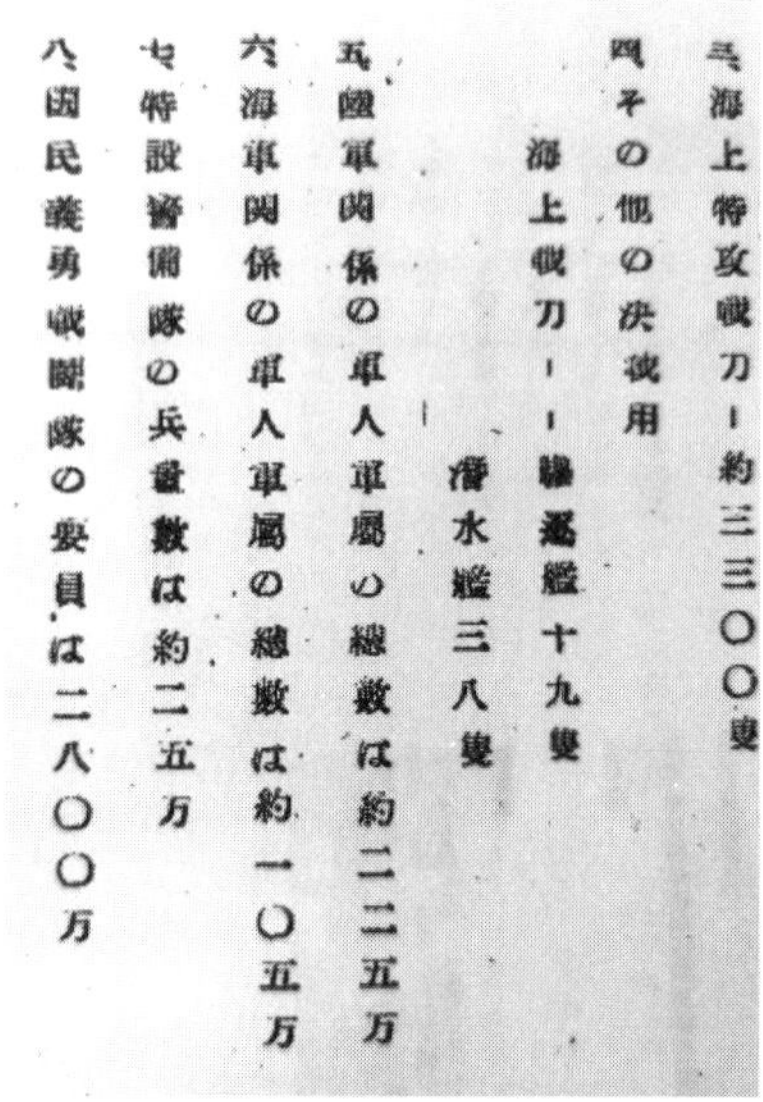
三、海上特攻戦力ー約三三〇〇隻
四、その他の決戦用
海上戦力ーー駆逐艦十九隻
潜水艦三八隻
五、陸軍関係の軍人軍属の総数は約二二五万
六、海軍関係の軍人軍属の総数は約一〇五万
七、特設警備隊の兵員数は約二五万
八、国民義勇戦闘隊の要員は二八〇〇万

「大本営本土決戦準備」にある「本土防衛総兵力」

この二八〇〇万人の国民から成る義勇戦闘隊は、むろん単なる呼びかけによって駆り集められるという任意の組織ではなかった。後に詳述するように、帝国議会で成立した「義勇兵役法」（一九四五年六月二三日公布）に基づき、一五歳以上〜六〇歳以下の男子、および一七歳以上〜四〇歳以下の女子に対し正式に「兵役」を課し、「天皇親率ノ皇軍」として国民義勇戦闘隊に制度的に組み入れられる人数であった。

3　女子にも課された「兵役」

実際に国民義勇戦闘隊とは、先の「義勇兵役法」に続き次々に制定された「国民義勇戦闘隊員ニ関スル陸軍刑法、海軍刑法、陸軍軍法会議法及海軍軍法会議法ノ適用ニ関スル法律」や「国民義勇戦闘隊統率令」「国民義勇戦闘隊ノ礼式、懲罰、服装ニ関スル説明」「国民義勇戦闘隊教令」を含む合計一一もの法令等に基づき、全国家的規模で制度化された組織（「天皇親率ノ皇軍」）であった。

前記のとおり男子満一五歳から六〇歳、女子満一七歳から四〇歳までの、すべての国民が「兵役」の対象となった（「義勇兵役法」）のであり、女子にも「兵役」を課したという事実は特筆に値する。

国民義勇戦闘隊の使命は、「天皇在シマシ神霊鎮リ給フ此ノ皇土ヲ……其ノ身命ヲ捧ケテ守護ス」こととされ、「皇土決戦ニ際シ戦闘ニ参加スル」（「国民義勇戦闘隊教令」）というものであった。しかしながら、その具体的な実態については、その資料が敗戦まぎわに焼却もしくは隠蔽されたとされ、今日でもその実際の編成や活動の実態はほとんど不明のままとなっている。

従来の研究では、国民義勇戦闘隊は「現実には編成されなかった」[*3]「義勇戦闘隊は実際に編成されたのだろうか。実は一個だけ編成を終わった部隊があった。鉄道義勇戦闘隊である」[*4]といった評価や、「『国民義勇戦闘隊』が唯一結成された樺太」[*5]などの記述がなされてきた。

はたして国民義勇戦闘隊は実際には編成されなかったのだろうか、あるいは編成されたとしてもごく一部の地域や職域だけに過ぎなかったのだろうか。

以上のような評価は、国民義勇戦闘隊に関する資料がきわめて乏しいという、厳しい資料的制約の下でもたらされてきたものである。[*6]しかし、資料の不在それ自体が、戦闘隊に関する事実そのものの不在をも意味するものでないことは自明である。

4　焼却・隠滅された資料

ここで、国民義勇戦闘隊に関する資料が、組織的に焼却・隠滅されていたという事実を指摘しておこう。敗戦直後に陸軍参謀本部総務課長および陸軍省高級副官から、全部隊に軍事機密書類の焼却が命令されたことは、すでに知られている。[*7]戦争責任と戦争犯罪への追及を恐れ逃れるためである。

命令は師団長、連隊区司令官、警察署長を経て、各町村長にも伝えられ、その結果全国の市町村役場で大量の軍事・兵事書類が焼却されるに至った。

例えば、新潟県旧和田《わだ》村の「兵事ニ関スル書類綴」に収められた命令書の一つ「動員ニ関スル書類整理並ニ召集ニ関スル件」において、以下の命令が下されていた。

「左記書類ハ即時各官公署ニ於テ焼却
動員ニ関スル軍事書類全部（国民義勇戦闘隊書類全部ヲ含ム、国民義勇隊関係書類ヲ除ク）」[*8]

（　）の中に注目しよう。

国民義勇隊と国民義勇戦闘隊の書類は明確に区別され、前者は焼却対象から外されているのに対し、後者の国民義勇戦闘隊関係の書類は、まさにそれを狙い撃ちする形で、あえて「即時」「全部」と指定し、焼却が命じられている。

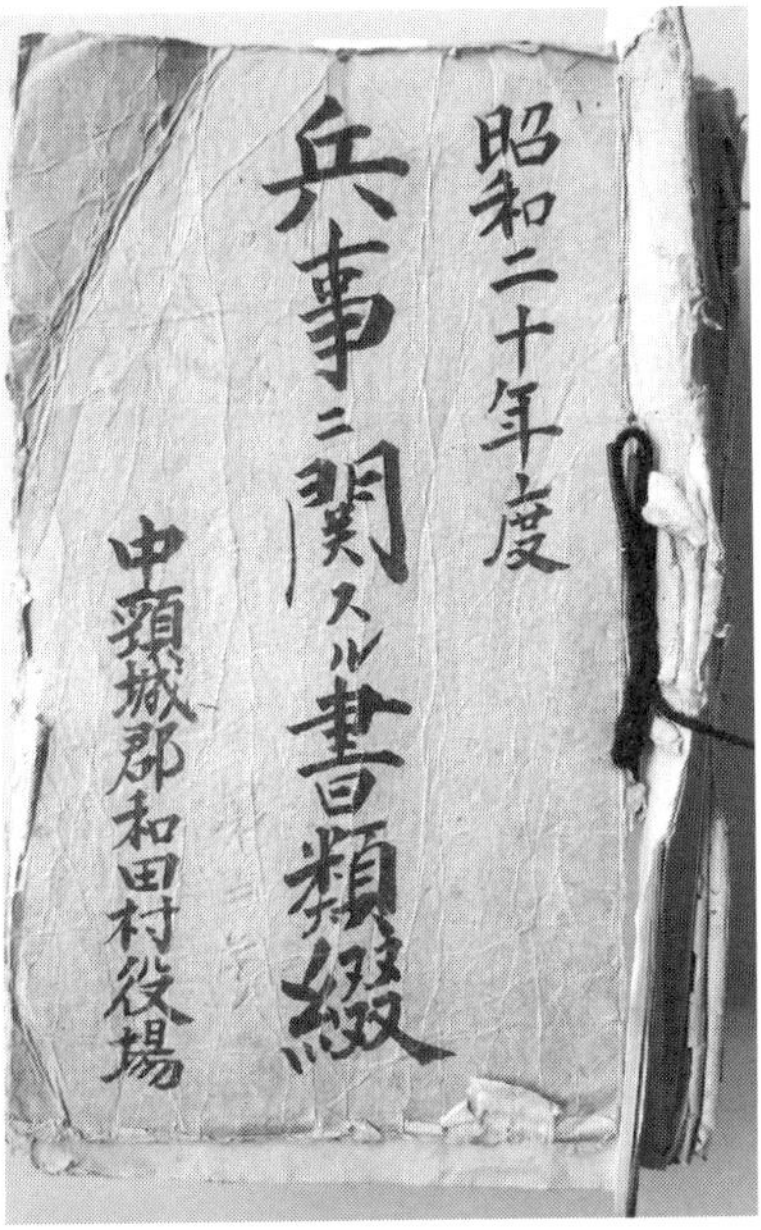

命令書が保存されていた新潟県旧和田村役場の兵事資料（上越市公文書センター所蔵）

国民義勇隊の資料は国民動員に関する一般資料であったのに対し、国民義勇戦闘隊の書類は明確に「軍事書類」とされ、軍は責任を追及されることを恐れたのである。

この命令書は、旧和田村役場の兵事資料に保存されていたものであるが、発信元も日付も明記されていない。むろん、それ自体を秘すためである。そもそも、命令書そのものが焼却されるべきものであった。

　こうして、国民義勇戦闘隊の資料の「全部」は、歴史の闇に葬り去られるはずであった。

5　相次ぐ資料の発見

　しかし、焼却されたはずの国民義勇戦闘隊に関する資料群の中で、かろうじて残されているものがあることを、各地の役場文書や公文書館を広汎に調査することによって突きとめることができた。

　それらの資料の中には、陸軍や陸軍次官による通牒あるいは国民義勇戦闘隊を統括する地区司令部による指示命令、さらには府県や村々の戦闘隊の実態を示す資料、例えば隊員名簿、義勇戦闘隊の編成表等が存在している。直接に国民義勇戦闘隊と明記された資料をあげるだけでも、以下のようになる（村名は当時のもの）。

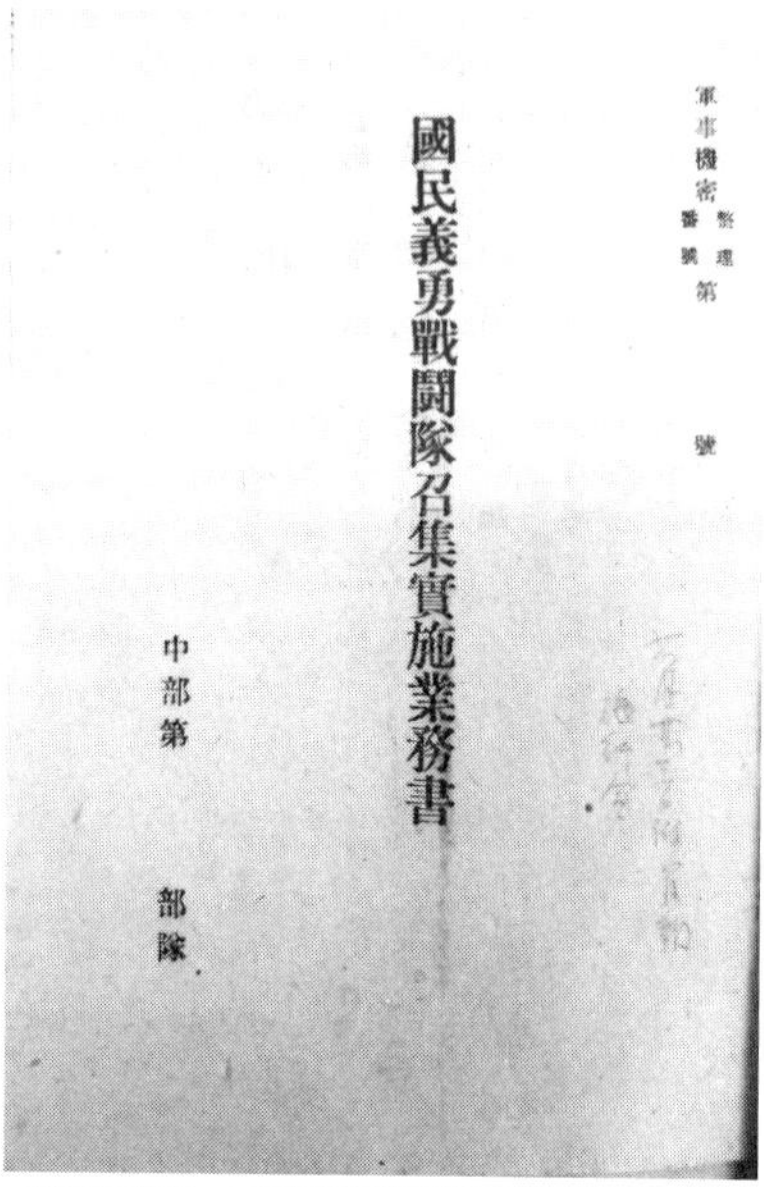
軍事機密　整理番號第　號
國民義勇戰鬪隊召集實施業務書
中部第　部隊

「軍事機密　国民義勇戦闘隊召集実施業務書」

（勝山市平泉寺公民館所蔵）

◎陸軍次官

「陸密第四二〇九号　国民義勇隊等ノ国民義勇戦闘隊ヘノ転移準備要領ニ関スル件通牒
昭和二〇年六月二三日」
◎群馬県
「利根地方事務所　国民義勇戦闘隊調査表提出ノ件　昭和二十年七月三十一日」
◎群馬県南橘《みなみたちばな》村上細井区
「国民義勇隊戦闘隊員名簿」

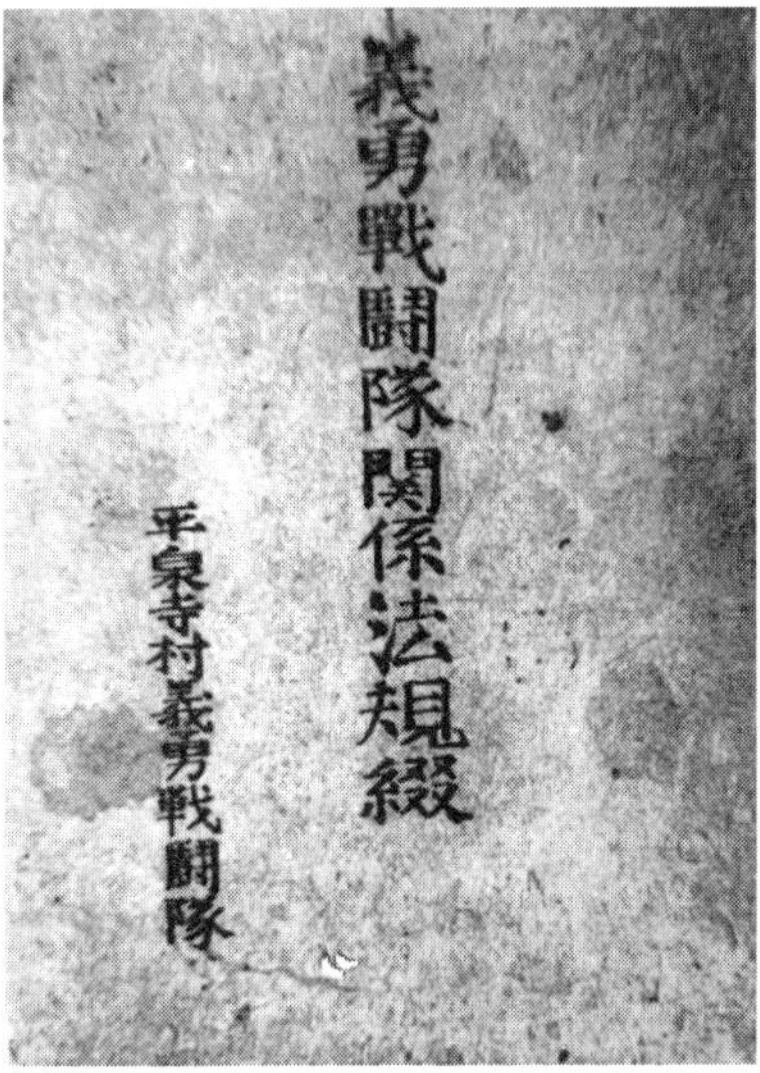

福井県旧平泉寺村の「義勇戦闘隊関係法規綴」
（勝山市平泉寺公民館所蔵）

◎長野県
「軍事秘密　長野地区司令官　市町村義勇戦闘隊人員調査ニ関スル件通牒　昭和二十年六月十六日」
「内政部長　国民義勇隊（義勇戦闘隊）編成指導要領　昭和二十年五月十六日」
◎長野県川辺《かわべ》村
「（義勇戦闘隊）隊長挨拶」
「戦闘義勇隊編成表　昭和二〇、五、二五」

「義勇戦闘隊結成式次第」
◎福井県
「軍事機密　国民義勇戦闘隊召集実施業務書　中部第□部隊」
「福井地区指令部調製　国民義勇戦闘隊動員計画等ニ関スル規定」
・義勇戦闘隊動員計画完了時期動員管理官等一覧表
・国民義勇戦闘隊編成要領基準表
・国民義勇戦闘隊隷属区分表
・国民義勇戦闘隊編成要報記述要項　（以上　同規定附表）
◎福井県平泉寺《へいせんじ》村
「平泉寺村義勇戦闘隊　義勇戦闘隊関係法規綴」
「平泉寺村義勇戦闘隊隊則　戦闘隊要員ノ編成」
◎京都府
「京都地区司令部複製　国民義勇戦闘隊教令（案）昭和二〇、六、二〇」
「京都地区司令官　義勇戦闘隊編成ニ関スル会同実施ノ件通牒　昭和二十年七月七日」
「京都地区司令官　義勇戦闘隊ニ関スル会同ニ関スル件通牒　昭和二十年七月七日」
「極秘　京都地区司令部　地方ニ設クル国民義勇戦闘隊ノ編成準備ニ関ル細部指示（案）」
「京都地区司令官　国民義勇戦闘隊正式呼称ニ関スル件通牒　昭和二十年七月三十一日」

◎京都府奥丹後《おくたんご》
「奥丹後地方連合義勇隊隊長　国民義勇戦闘隊ノ編成準備ニ関スル件　昭和二十年七月一七日」
◎京都府木津《きつ》村
「木津村国民義勇戦闘隊幹部候補者名簿」
「木津村義勇戦闘隊編成表」
◎京都府乙訓《おとくに》村
「乙訓村義勇戦闘隊編成表」

以上見つかった資料の中には、「国民義勇戦闘隊動員計画等ニ関スル規定」（福井地区司令部調製）の「附表第一」のように、義勇戦闘隊の動員計画が八月一〇日あるいは八月一五日に完了する予定であったことを示すものも存在している。すなわち、その日に終戦を迎えていなければ、多くの老若男女が兵士として戦う、国民総動員の戦争が寸前まで迫っていた。*9

その他にも、各地の国民義勇隊関係の簿冊《ぼさつ》が存在し、国民義勇戦闘隊の母胎としての同隊に関する多くの資料も以下のように見出すことができる。

◎群馬県南橘村
「上細井　国民義勇隊隊員名簿　昭和二十年五月」
◎群馬県北橘《きたたちばな》村
「北橘村　国民義勇隊綴　昭和二十年五月」
◎群馬県古馬牧《こめまき》村
「利根郡古馬牧村役場　国民義勇隊ニ関スル書類綴　自昭和二十年度」
◎長野県川辺村
「小県郡川辺村大隊　義勇隊ニ関スル書類綴　昭和二十年五月二十五日結成」
◎長野県依田《よだ》村
「依田村役場　依田村義勇隊関係綴　昭和二十年」
◎福井県平泉寺村
「平泉寺村国民義勇隊　国民義勇隊書類　昭和二十年」
「平泉寺村役場　平泉寺村国民義勇隊隊員名簿　昭和二十年七月」
◎京都府木津村
「木津村役場　国民義勇隊勤労動員　昭和二十年」
◎広島県狩小川《かこがわ》村
「狩小川村義勇隊　国民義勇隊一件綴　昭和二十年五月以降」

こうして、いくつかの資料がかろうじて残されたが、前記のように、「国民義勇戦闘隊書類全部」はあえて名指しによる「即時」の焼却命令が出され、その事実は組織的に隠蔽されるはずであった。その結果、日本国民は、軍が国民全体に対し強制しようとした「一億総特攻」という戦闘計画を、何も知らずに七五年間来てしまったということである。以上のような資料が今日まで残ったのは僥倖《ぎょうこう》ともいえよう。

6 陸軍による全国的資料

さて、これまで記した各地域に残されていた資料に加え、陸軍中央が統括し収集した国民義勇戦闘隊および学徒義勇戦闘隊の全国的資料を今回発見することができた。

敗戦直後の昭和二〇年九月二六日、陸軍次官から各軍管区師管区司令官宛てに「緊急」として発された調査指令に対する、各地区からの「特設警備隊、地区特設警備隊、義勇戦闘隊ニ関スル報告綴」がそれである。*10

当時、占領軍たるGHQは、「本土決戦」のために組織された日本軍各部隊の配置、編成、人数等を正確に把握しようとし、陸軍はそれに従ったものと思われる。

陸軍次官による具体的な指令は、以下のようなものであった。

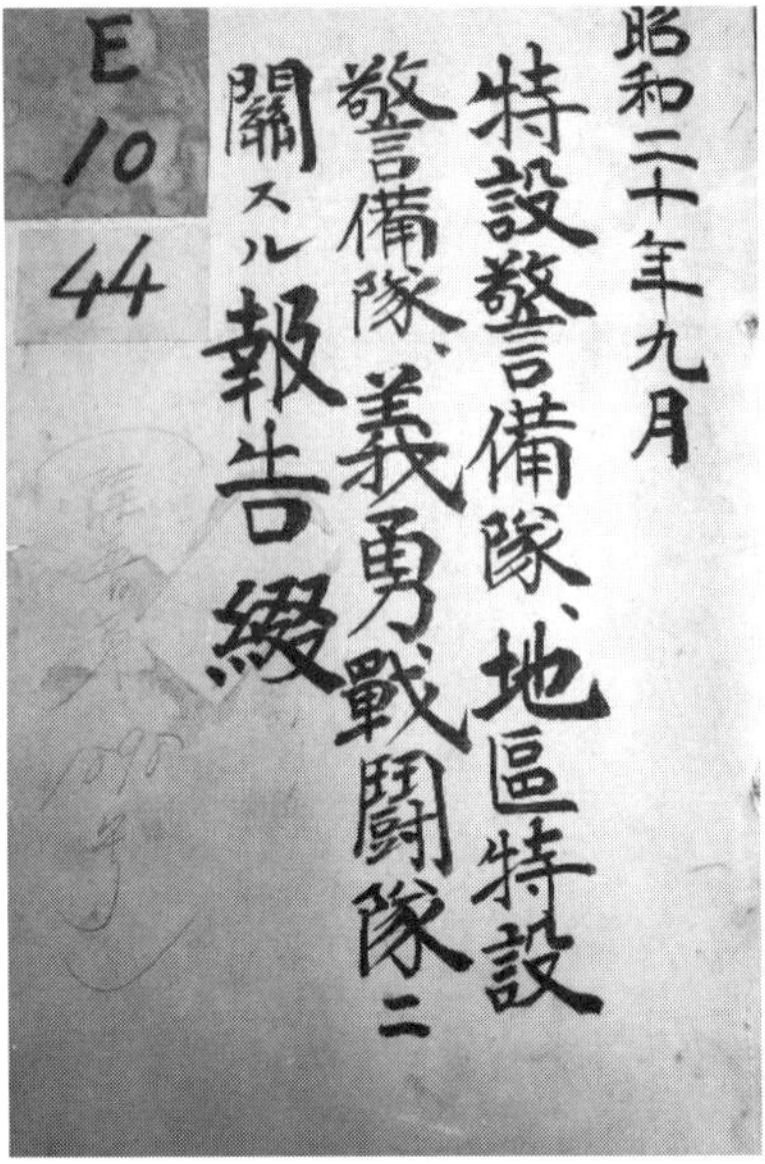

「特設警備隊、地区特設警備隊、義勇戦闘隊ニ関スル報告綴」の表紙（防衛省防衛研究所戦史研究センター所蔵）

「昭和二十年九月二十六日十八時○○分発　発信者　陸軍次官
発信地　陸軍　陸普電第二九一号
内地各軍管区師管区司令官ハ八月十五日現在ニ於《お》ケル其《そ》ノ隷下《れいか》特設警備隊ノ兵力配備一覧表並ニ義勇戦斗《ママ》隊ノ兵力配置一覧表（以上各表共ニ人員オ《ママ》モ明記ス）各二通ヲ十月十日迄ニ陸軍省ニ提出スルモノトス」

この指令に対し、九月二八日以降、各軍管区司令官、軍管区参謀長、師管区参謀長等から次々に報告が上がってきている。それがまとめられたのが前記「特設警備隊、地区特設警備隊、義勇戦闘隊ニ関スル報告綴」であり、その中に国民義勇戦闘隊さらには学徒義勇戦闘隊に関する直接の報告文書が存在している。日付順および文書発信元でそれを示せば、以下のようになる。

・京都師管区参謀長「義勇戦闘隊ノ兵力配置一覧表」（昭二〇・九・二八）
・内地鉄道司令官「鉄道義勇ノ戦闘隊兵力等ノ件報告」（昭二〇・一〇・六）
・西部軍管区司令官「特設警備隊地区特設警備隊及義勇戦闘隊ノ兵力調査ニ関スル件」（昭二〇・一〇・六）
・北部軍管区参謀長「特設警備隊地区特設警備隊及義勇戦闘隊ノ兵力調査ニ関スル件通牒」（昭二〇・一〇・八）
・久留米《くるめ》師管区参謀長「管内特設警備隊地区特設警備隊戦闘義勇隊配置一覧表届出ノ件報告」（昭二〇・一〇・一四）
・四国軍管区参謀長「特設警備隊地区特設警備隊及義勇戦闘隊ノ兵力調査ニ関スル件」（昭二〇・一〇・一九）

むろん先述のように、一方で陸軍中央により、敗戦と同時に「国民義勇戦闘隊関係書類全部」の焼却命令が出されていたのであり、そのため熊本師管区司令官による陸軍大臣に宛てた報告（一〇月七日付）では、「鹿児島地区関係義勇戦闘隊ハ……夫々《それぞれ》計画準備中ナリシモ八月十六日全書類焼却シ」として、すでに「全書類」が焼却され調査不可能とする回答がなされた場合もあった。

そうした理由にもより、未報告の県があるものの、樺太、東京、山梨、千葉、高知、徳島、愛

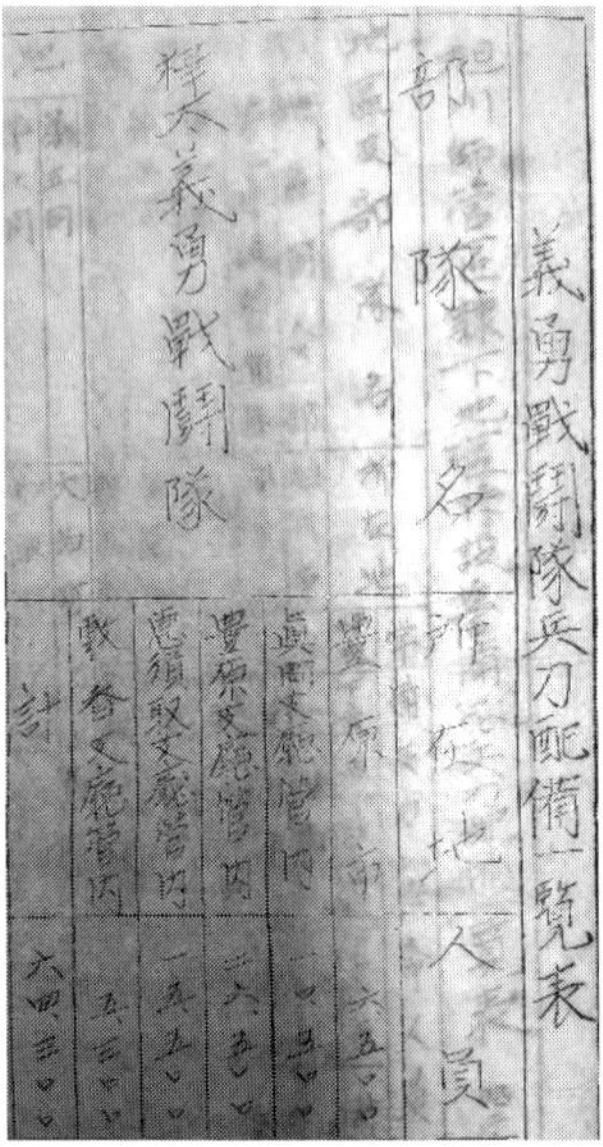

「義勇戦闘隊兵力配備一覧表」

媛、香川、熊本、宮崎の実際に編成された国民義勇戦闘隊の部隊と隊員総数、さらには熊本と宮崎では学徒義勇戦闘隊の学校ごとの隊員数が報告されている。一部ではあるものの、国民義勇戦闘隊および学徒義勇戦闘隊の全国的統計がようやく明らかになったといえる。

以下に、その一例を示そう。

北部軍管区参謀長から陸軍省副官に宛てた「義勇戦闘隊兵力配備一覧表」では、樺太における国民義勇戦闘隊の四つの支庁ごとの隊員数が以下のように報告されている。

部隊名　樺太義勇戦闘隊

所在地	人員
豊原市《とよはら》	六五〇〇
真岡《まおか》支庁管内	一〇五〇〇
豊原支庁管内	二六五〇〇
恵須取《えすとる》支庁管内	一五五〇〇

敷香《しすか》支庁管内	五三〇〇
計	六四三〇〇

このように、樺太ではすべての支庁で、六万四三〇〇名におよぶ国民義勇戦闘隊が組織され、第七章で詳述するように義勇戦闘隊による実際の戦闘が行なわれ、多くの死傷者を出すに至ったのである。

また、四国軍管区参謀長による陸軍省副官宛ての報告「特設警備隊地区特設警備隊及義勇戦闘隊ノ兵力調査ニ関スル件」では、「義勇戦闘隊兵力配置一覧表」に「編成準備中ノ数字」と付記され、以下のような七六万人にのぼる隊員予定数の報告がなされている。

地区別	高松	松山	徳島	高知	計
部隊数地域	一九五	二三八	一三三	一六五	七三一
職域	一三	一五四	一七〇	五〇〇	八三七
総人員	一六六四〇〇	一九一九一九	一一七〇〇〇	二九〇〇〇〇	七六五三一九

さらに、熊本県と宮崎県における報告は、地域ごと、さらには学校ごとの国民義勇戦闘隊と「学校義勇戦闘隊」の詳細な数字が記されている。当時、アメリカ軍による宮崎県志布志《しぶし》湾等へ

の九州上陸作戦が予測されており、実際の戦闘参加が目前とされ、県下全域にわたり大規模に義勇戦闘隊が組織されたことが示されている。

例えば、「陸軍」と印字された用箋《ようせん》「宮崎県国民義勇戦闘隊兵力一覧表」によれば、宮崎市二万二五二九名、都城《みやこのじょう》市一万六四二二名、延岡《のべおか》市二万九〇一一名の各市の計六万七九六二名の隊員数に加え、宮崎郡二万四〇五五名、南那珂《みなみなか》郡四万三四五三名、北諸県《きたもろかた》郡二万九一五四名、西諸県郡三万一五〇〇名、東諸県郡一万六五三五名、児湯《こゆ》郡四万一五四四名、東臼杵《ひがしうすき》郡二万二〇五八名、西臼杵郡一万九三三〇名の八つの郡部の隊員数を合わせた計二九万五五九一名が「義勇戦闘

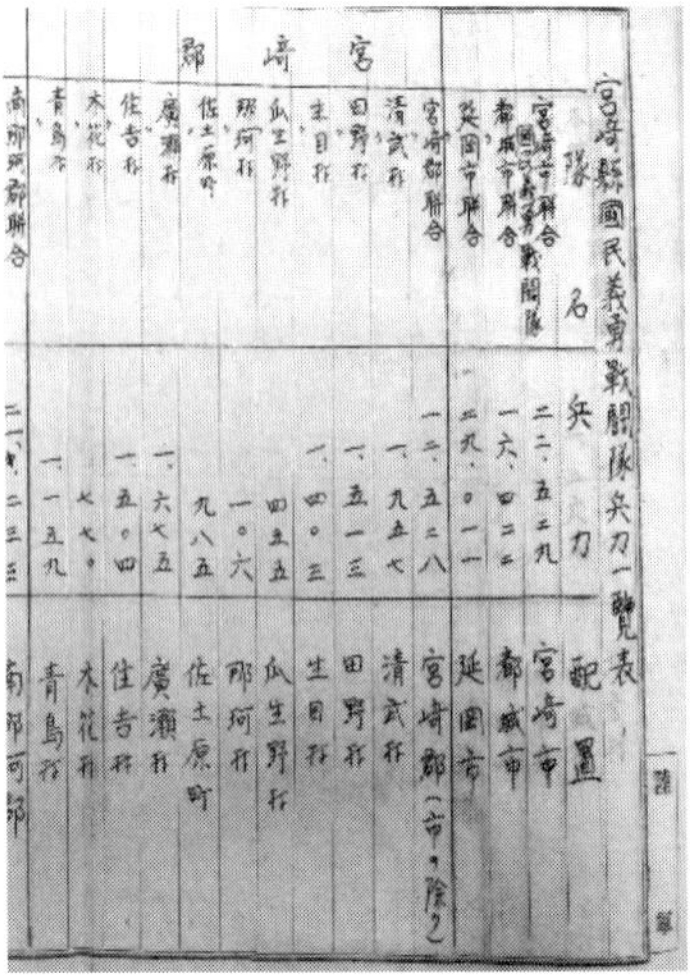

宮崎縣國民義勇戰鬪隊兵力一覽表

隊名	兵力	配置
宮崎市聯合國民義勇戰鬪隊	二二、五二九	宮崎市
都城市聯合	一六、四二二	都城市
延岡市聯合	二九、〇一一	延岡市
宮崎郡聯合	一二、五二八	宮崎郡（市・除ク）
清武村	一、九五七	清武村
田野村	一、五一三	田野村
生目村	一、四〇三	生目村
瓜生野村	四五五	瓜生野村
那珂村	一〇六	那珂村
佐土原町	九八五	佐土原町
廣瀬村	一、六七五	廣瀬村
住吉村	一、五〇四	住吉村
木花村	七七〇	木花村
青島村	一、一五九	青島村
南那珂郡聯合	二一、[illegible]二三三	南那珂郡

「宮崎県国民義勇戦闘隊兵力一覧表」

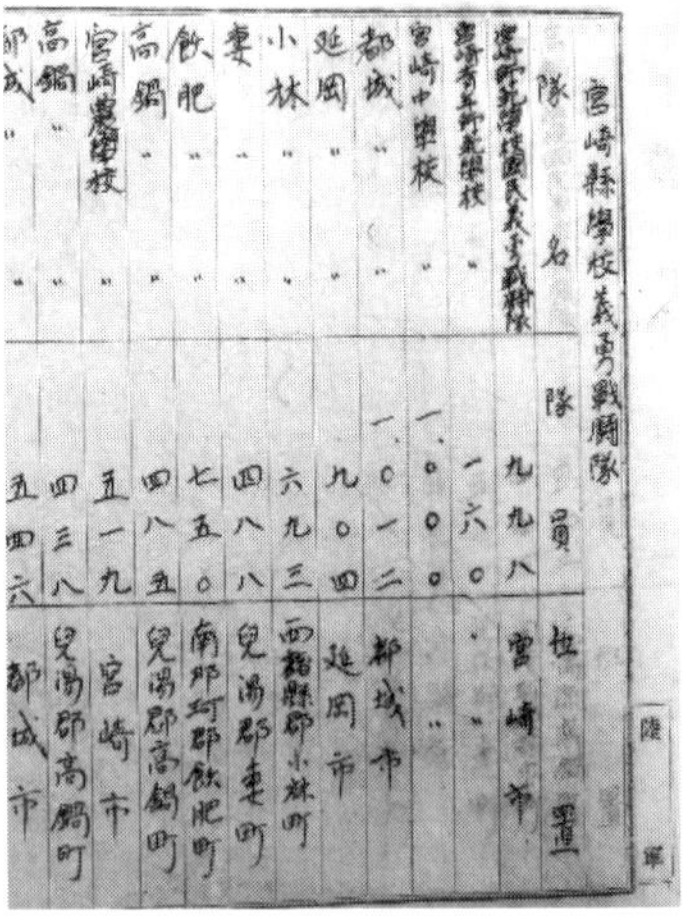

宮崎縣學校義勇戰鬪隊

隊名	隊員	位置
宮崎師範學校國民義勇戰鬪隊	九九八	宮崎市
宮崎青年師範學校 〃	一六〇	〃
宮崎中學校 〃	一、〇〇〇	〃
都城 〃 〃	一、〇一二	都城市
延岡 〃 〃	九〇四	延岡市
小林 〃 〃	六九三	西諸縣郡小林町
妻 〃 〃	四八八	兒湯郡妻町
飫肥 〃 〃	七五〇	南那珂郡飫肥町
高鍋 〃 〃	四八五	兒湯郡高鍋町
宮崎農學校 〃	五一九	宮崎市
高鍋 〃 〃	四三八	兒湯郡高鍋町
都城 〃 〃	五四六	都城市

「宮崎県学校義勇戦闘隊」

隊兵力」として組織されていた。

また、「熊本県各町村連合戦闘義勇隊配備並人員一覧表」では、熊本市、八代《やつしろ》市、人吉《ひとよし》市、荒尾《あらお》市および一二の郡ごとの老若男女の全住民数と、その中の国民義勇戦闘隊員数が報告されている。それによれば、全住民数一五二万九八七六名のうち六三万九八九〇名、すなわち四一・八%の住民が戦闘隊員として組織されていたことが分かる。

さらに、学徒義勇戦闘隊（「学校義勇戦闘隊」や「国民義勇戦闘隊学校隊」の名称も含む）が全県下すべての男女中等学校で組織されていた。例えば、「陸軍」印字の用箋「宮崎県学校義勇戦闘隊」一覧表では、宮崎中学校義勇戦闘隊一〇〇〇名や宮崎工業学校義勇戦闘隊一〇五四名、宮崎第一女学校義勇戦闘隊八五〇名、都城女子商業学校義勇戦闘隊二〇五名等々、全四二校それぞれの隊員数が記され、それら学徒の総隊員数は二万二七二九名におよんでいる。

実際に、当時宮崎県の中学校に在籍していた生徒は、「（米軍の）南九州上陸の可能性が大きく、軍は海岸線で敵を迎撃殲滅《せんめつ》する所謂《いわゆる》『水際作戦』を計画、学徒もこれに参加するため南九州学徒防衛隊が結成され、その訓練のため南九州の全中等学校から各校三名、熊本市郊外の黒石原練兵場に召集された」と証言している。*11 学徒隊の指導者訓練も開始されていたのである。

同じく「陸軍」用箋「熊本県学徒戦闘義勇隊兵力配備一覧表」では、中学濟々黌《せいせいこう》九六〇名や熊本中学校一〇六一名、熊本市立高等女学校四九〇名、女子熊本商業学校三四四名等を含む、男女中等学校全三八校のそれぞれの学徒義勇戦闘隊員の数が記され、その総員数は男子一万八一一一名、女子九六九九名の計二万七八一〇名におよぶものであった。
以上に見てきたように、陸軍の公的書類においても、全国各地で国民義勇戦闘隊や学徒義勇戦闘隊が、実際に大量に組織されていたことが分かる。本土決戦は、こうして戦われようとしていた。

いったい国民義勇戦闘隊、さらにはその母胎としての国民義勇隊とは何であったのか、それはどのように構想され、そして実際にどう組織・訓練され動員されようとしたのか。そのことは、当時の軍や国家指導者たちが国民をどのようにとらえ、どのように戦争に巻き込もうとしていたのかを、明瞭かつ具体的に示すものである。

すなわち国民義勇戦闘隊の創設とその展開は、「本土決戦」を押し進めようとする軍の動向、および戦争遂行の国策と軌を一にしていた。後述するように国民義勇隊創設の最初の閣議決定「国民義勇隊組織ニ関スル件」（一九四五年三月二三日）の背景には、「本土決戦」に向けた作戦大綱「帝国陸海軍作戦計画大綱」の制定と、それに続く「決号作戦準備要綱」の内示（三月二〇日）があり、連合軍上陸の際には最後まで国民総武装で戦闘にあたることが決定されていた。

また、沖縄への米軍の総攻撃が開始された四五年四月一日以降、「本土決戦」に備える「決戦訓」（四月八日）と「国土決戦教令」（四月二〇日）が陸軍から出されたが、その間に国民義勇戦闘隊の創設を意図する「状勢急迫セル場合ニ応ズル国民戦闘組織ニ関スル件」（四月一三日）が閣議決定されている。さらに、沖縄で敗北し「本土決戦」に向かう最終局面で、天皇が臨席した

「最高戦争指導会議」の決定「今後採ルベキ戦争指導ノ基本大綱」（六月八日）が出され、それを背景として、国民義勇戦闘隊を「皇軍」として法的に根拠づける「義勇兵役法」（六月二三日）が公布・施行された。

こうした一連の経緯は、「本土決戦」の実現を目ざす軍の動向と国策の展開との関連を抜きに、国民義勇戦闘隊創設の意味を明らかにできないことを明瞭に示している。そうである以上、まずはその「本土決戦」の動向と実態を、以下に明らかにすることから始めよう。

＊1防衛省防衛研究所戦史研究センター所蔵資料の階層「陸軍一般史料／中央／戦争指導／重要国策文書／大本営本土決戦準備」の「5．本土決戦の思想と戦法／沿岸決戦思想の固成」から引用。なお、この文章は、当時参謀本部（大本営陸軍部）第二課（作戦課）長の服部卓四郎（大佐）が戦後刊行した『大東亜戦争全史　1～4』（鱒書房、一九五三年）にも記述されており、その原稿と関連をもつと思われる（同上4、一八〇頁）。服部は、大本営の作戦立案の中枢を担った軍人であった。戦後は、第一復員庁史実調査部長（後に資料整理部長）となった。

＊2なお、前掲『大東亜戦争全史』においても、第4巻第七章「本土の決戦統帥組織」において、「国民義勇戦闘隊の要員は二八〇〇万」と記されている。また森松俊夫「本土決戦準備」（『別冊一億人の昭和史　銃後の戦史』毎日新聞社、一九八〇年、二〇一頁）においても同様である。

＊3森山康平「本土決戦目前に実行された『全国民武装化計画』」『別冊歴史読本永久保存版　日本本土決戦』

新人物往来社、二〇〇二年、一〇〇頁。
＊4同上森山一〇五頁。
＊5『樺太地上戦終戦後7日間の悲劇』角川書店、二〇一九年、七二頁。
なお、これまで国民義勇隊に関し、以下の重要な研究が公表されている。
・木坂順一郎「日本ファシズムと人民支配の特質」歴史学研究会編『歴史における国家権力と人民闘争』青木書店、一九七〇年。
・照沼康孝「国民義勇隊に関する一考察」『年報近代日本研究1 昭和期の軍部』山川出版社、一九七九年。
・藤原彰『太平洋戦争史論』青木書店、一九八二年。
・北博昭編・解説『十五年戦争極秘資料集23 国民義勇隊関係資料』不二出版、一九九〇年。
・小出裕、倉橋正直「愛知における国民義勇隊」『歴史評論（556）』一九九六年。
・松村寛之「国民義勇隊小論――敗戦と国民支配についての一断章――」『歴史学研究（721）』一九九九年。
・藤田昌雄『日本本土決戦 知られざる国民義勇戦闘隊の全貌』潮書房光人社、二〇一五年。
また、中山知華子「国民義勇隊と国民義勇戦闘隊」『立命館平和研究（1）』（二〇〇〇年）は、京都府竹野郡木津村を対象とし、国民義勇戦闘隊への転移にまでふみ込んで検討した先駆的論文である。

さらに、佐々木陽子「日本での女性兵士創出」（『総力戦と女性兵士』青弓社、二〇〇一年所収）は、第二次世界大戦における女性兵士創出の経緯と実態という斬新な角度から、ソ連、アメリカ、日本を検討する中で、日本における国民義勇隊と国民義勇戦闘隊について分析を加えている。

本書は、これらの研究から多くの教示を得ていると同時に、特に軍による「本土決戦」構想との関連で国民義勇戦闘隊と学徒隊の展開を考究した。また、本文に示されたように新資料を発掘し、国民義勇隊と国民義勇戦闘隊さらには学徒隊の各地における組織化と活動の実態を明らかにしたものである。

＊6例えば、「戦闘隊組織ト国民義勇組織トハ表裏一体タルモノトス」（「状況急迫セル場合ニ応ズル国民戦闘組織ニ関スル件」）として、「国民義勇戦闘隊」の母胎ともいえる「国民義勇隊」に関し優れた先駆的な研究を行なった松村寛之も、この義勇戦闘隊に関しては、それが実際にどれだけ編成されたのかに関し、消極的な評価を行なっている。

松村は、大阪府豊能郡箕面村瀬川の国民義勇隊の資料『国民義勇隊関係通牒綴』を検討し、「これによると、義勇隊編成に準じた戦闘隊編成は7月20日にようやく完了した。しかし、この綴には『国民義勇隊隊員服務規範』のように、義勇隊任務に関する文書は保存されているにもかかわらず、戦闘隊については、その訓練や運用に関する文書が残存していない」としている。その結果、「大阪府豊能郡箕面村瀬川（現箕面市瀬川）小隊では、指導者訓練はおろか、軍の構想した戦闘隊任務自体がほとんど認識されていなかったようだ」と「推測」している（前掲「国民義勇隊小論」）。

しかし本文で示したように「国民義勇戦闘隊書類全部」が軍により組織的に隠滅された可能性を考えるならば、国民義勇戦闘隊の資料の不在をもって、国民義勇戦闘隊の活動それ自体の不在を「推測」することには慎重でなければならないだろう。

＊7吉田裕「敗戦前後における公文書の焼却と隠匿」『現代歴史学と戦争責任』青木書店、一九九七年。山本和重「町村兵事書類の焼却命令と残存状況」上越市史編さん委員会『上越市史　別編7　兵事資料』二〇〇〇年。

＊8同前『上越市史　別編7　兵事資料』六四五頁～六四六頁。

＊9二〇一九年一二月八日「ＮＨＫニュース7」で、福井県旧平泉寺村での筆者等による資料調査の様子が放映された。

また、一九四五年八月一五日における国民義勇戦闘隊の動向として、北海道上富良野町での以下の体験が興味深い。

「私達は、終戦の日昭和二十年八月十五日は早朝五時から、東中国民学校校庭において、国民義勇戦闘学校隊、東中中隊の編成完結式並に戦闘訓練が男女合同により開催され、郷土防衛の使命を担って立ち上ったのでした。当日、午後も終戦を知らずに第一小隊の竹槍訓練を、東七線北十七号道路上で藁人形を使って男女合同で実施の最中、当時、少年隊伝令として久保田英市隊員が来て、『本日正午戦争が終った』との本部からの通告を口頭で、私達青年隊員に伝達したのです。全員が涙を流し、その場で宮城を遥拝し、最後の『君が代』をあふれる涙をぬぐおうともせず斉唱し、その日は夕方散会、翌日には幹部隊員が上富良野青年学校に緊急集合して、今後の対策を協議したのでした」（上村重雄「戦時下の農村生活」『機関誌　郷土をさぐる（第5号）』一九八六年四月、上富良野町郷土をさぐる会）

＊10防衛省防衛研究所戦史研究センター所蔵資料の、階層「陸軍一般史料／中央／軍事行政／法令／大陸命参本通牒綴　昭和二〇年八月以降」の「陸普電第２９１号」。

＊11福田勉『花はつぼみのままに――旧制小林中学校第23期生・戦争の記録』鉱脈社、一九八九年、一七七頁～一七八頁。

第一章

「本土決戦」と国民義勇隊の創設

一　「本土決戦」と国民総武装

1　敗退の連続と「絶対国防線」の崩壊

「日中戦争」の戦局が泥沼化し膠着《こうちゃく》した状態が続く中で、一九四一年一二月「大東亜戦争」が開始されたが、当初の真珠湾攻撃やマレー半島での「勝利」は長くは続かなかった。翌四二年四月、日本は早くも本土への初空襲（ドゥーリトル空襲）に見まわれている。同年六月ハワイ諸島のミッドウェー島付近で戦われた海戦では、日本海軍は主力空母赤城《あかぎ》、加賀《かが》、飛龍《ひりゅう》、蒼龍《そうりゅう》の四隻とその搭載機二九〇機を失う大敗北を喫した。

戦局は明確な悪化を遂げていた。日本軍の太平洋をめぐる戦線は延びきっており、東は中部太平洋から西はインド洋まで、北はベーリング海から南は珊瑚海まで戦場をかかえていた。その全地域に日本軍は兵力を分散し、そのことがさらなる戦局の悪化を増幅させることになった。

四三年五月アリューシャン列島のアッツ島日本軍守備隊約二六五〇名が全滅し、さらには同一一月ギルバート諸島のタラワ島守備隊約四六〇〇名が全滅したが、大本営は「玉砕」という言葉で兵士たちの死を糊塗《こと》した。

さらに、四二年八月から開始されていたソロモン諸島ガダルカナル島をめぐる攻防では、半年にわたる激戦の末に、四三年二月、守備隊総兵力三万名余のうち二万名を失い撤退した。

これらの敗因は、むろん圧倒的な兵力差によるものであったと同時に、守備隊への武器や燃料、兵士の補充や負傷兵の看護体制、さらには何よりも食料等の飲食物を供給する「補給線」や「兵《へい》站《たん》」を軽視する無謀な作戦が繰り返されたことによるものが大きい。それは、他の島々や前線でも同様であった。日本軍の死者が直接の戦闘によるものではなく、むしろ餓死や病死によるものが大半を占めていたという非情な事実がそのことを示している。ガダルカナル島が日本兵にとって「餓島」と呼ばれたこともそれを物語っていよう[*1]。

翌四四年、「日米の天王山」として敢行したフィリピン作戦においても、レイテ島とルソン島の攻防に敗北した。この戦いで日本軍は、中国戦線を除き最も多くの三〇万人を超える戦死者を出し、さらに海軍は航空機による自爆攻撃、すなわち特別攻撃隊（特攻隊）を編成するに至った。この特攻戦法は、沖縄戦と「本土決戦」においても中心的な戦法となっていく。

また、同年六月のサイパン島の攻防では、アメリカ軍は圧倒的な艦砲射撃を交えた上陸作戦を行ない、日本軍は本土からの移住者を巻き込みながら、全滅に近い敗北を喫することとなった。それは、住民を根こそぎ動員して戦った沖縄戦の前哨戦ともいえる様相を呈した。この結果、日本の「絶対国防線」は破られ、サイパン島を基地とする米軍B29爆撃機により日本本土への空襲が可能となり、直接の攻撃と進攻の脅威にさらされるに至った。

こうして、本土防衛が喫緊の現実的な課題となる情勢が次々と生み出されたが、しかしながら日清・日露戦争以後、ほとんど国外での侵攻作戦に終始してきた日本陸海軍にあって、本土防衛への戦略と実際の備えは貧弱なものであった。

一九四五年の初頭においても、千島から日本本土、そして台湾におよぶ国土防衛線上の部隊は、陸軍の二一個師団、各種旅団一六個、留守師団一七個、高射砲師団四個、海軍の戦艦三、空母四、巡洋艦一、潜水艦五二、陸海軍航空隊の可動機数わずか六二六に過ぎず、総兵力は八七万に満たなかった。本土防衛の態勢は、きわめて手薄な状態であったといってよい。[*2]

2「本土決戦」の構想

こうした状況の下で、アメリカ軍の国内上陸による「本土決戦」を必至と見た大本営は、本土防衛を目ざす陸海軍合同の新たな作戦遂行の検討を始めた。四五年に入り、一月二〇日「帝国陸海軍作戦計画大綱」を決定する。そこでは、この作戦を一五年にわたる戦争の最終局面をなすものとし、文字どおり軍官民をあげての総力戦であると位置づけていた。

その基本構想は、日本本土の外縁地帯すなわち千島、小笠原諸島、南西諸島、台湾においてアメリカ軍を迎え撃ち、その進攻を遅滞させ、この間に本土の作戦準備態勢を整備・確立し、本土において最終決戦を行なおうとするものであった。

二月七日、大本営陸軍部内において防衛総司令官および方面軍司令官等の会同が行なわれ、参謀総長が本土決戦の基本方針を提示している。その内容は「軍事機密」とされ、「一.　戦局ノ推移ト帝国本土ノ純戦場態勢ノ確立ニ就《つい》テ」「二．帝国本土ノ統帥組織確立ト之カ機能発揮ニ就テ」「三．全般作戦指導ノ理念ト之カ達成ノ覚悟ニ就テ」「四．帝国本土ヲ戦場トスル作戦ノ籌画《ちゆうかく》実行ニ就テ」と広汎にわたるものであった。*3

まずは世界的な戦局の趨勢に関して、軍事同盟国イタリアの敗北と、ドイツの敗退を認め、そうした情勢の下で、「皇土確保ノ盤石態勢確立ニ関シ大命ヲ拝ス」とした。その上で「皇土防衛ノ重責ニ任スルモノ宜シク叡旨《えいし》ヲ奉体シ深謀籌画万策ヲ尽シテ一途使命ノ達成ニ邁進セサルヘカラス」と定め、天皇の「大命」である「皇土防衛」の達成を全軍と全国民の課題とした。

さらに、軍の使命として「透徹セル作戦準備ノ促進」と「官民ノ一致協力」を掲げ、以下のように提起している。

「軍ノ抱懐スル烈々タル気魄《きはく》其透徹セル必勝ノ信念自ラ外ニ溢レ国民亦軍ヲ師表トシテ愈々《いよいよ》敢闘精神ヲ振起昂揚《こうよう》シ茲《ここ》ニ皇軍ヲ中核トスル必勝ノ態勢ヲ確立スル」

このように、軍による「烈々タル気魄」や「透徹セル必勝ノ信念」を自画自賛しながら、その一方で、国民の状況に対しては「旧体依然タルモノ」ととらえ問題視していた。そのことは、次の文言にあらわれている。

「国民ノ大部ハ近代戦争ノ本質及戦禍ノ帝国本土ニ及ハントスル趨勢ヲ認識スルニ疎《うと》ク形而上下ノ態容旧体依然タルモノアリ帝国本土ノ純戦場態勢確立ノ緊要ナルコト今日ヨリ急ナルハナシ」

こうして、軍は「趨勢ヲ認識スルニ疎」い国民への不信をあらわにしながら、それ故にいっそう国民の戦意の昂揚と動員態勢の強化を押し進めようとしたのである。

さらには、以下のように「神州護持」「大和民族伝統ノ真髄」という、神がかりともいえる精神主義の呼号に努めた。すなわち、「大東亜戦争カ神州護持自存自衛ノ絶対戦争ナルコトヲ弁《わきま》へ一旦戦禍ノ帝国本土ニ及フヤ真ニ国民戦争タルノ実ヲ愈々発揮セシムル」とし、「軍民一体ノ実ヲ挙クルコトニ甚深ノ考慮ヲ払ヒツツ……軍自ラ其責任ノ中枢ニ立チ大和民族伝統ノ真髄ヲ発揮スルニ遺憾ナカラシメサルヘカラス」と。

ここに示された、「真ニ国民戦争」「軍民一体ノ実」という目標こそ、全国民を巻き込んでいく本土決戦構想の本質を示すものであった。

こうした構想の下に、本格的な兵備の増強や、国内諸施策の整備が押し進められていった。陸軍統帥部は本土防衛のために新設すべき部隊として、四〇個師団、二二混成旅団、これに付随する沿岸防備のための砲兵部隊等、総計約一五〇万に達する膨大な兵力の配備を要望した。

これにより大本営は内地各軍の改変を行ない、二月下旬、四月上旬、五月下旬の第一次から第三次にわたる本土兵備の大増強が押し進められていく。満洲および北方の兵団の内地への転用も行なわれたが、急速に着手された大規模改編であり、人員や装備など不十分なまま編成完結とみなされる場合もあった。第三次動員においては、本土の在郷軍人や志願兵も召集され、そこには多数の老兵や未教育兵が含まれていた。

3 「国民戦争」の具体化

こうした状況の下で、本土防衛作戦のさらなる具体化、すなわち「本土決戦」態勢の構築が本格的に迫られるに至ったのである。硫黄島守備隊の最後の総攻撃が命じられた三日後の三月二〇日、大本営により「決号作戦準備要綱」が内示（正式な発令は四月八日）された。[*4]

それは、先の「帝国陸海軍作戦計画大綱」に基づき、「本土決戦」の作戦準備の重要事項を示すものであり、「本土の特性を活用し、一億国民の決起協力の下、先ず残存全海空軍を挙げて特攻攻撃に任ぜしめ敵上陸軍を洋上に撃滅するに勉《つと》めること、次いで「本土の全地上戦力を決戦要域に集中し、縦深部署を以て上陸敵軍に対し決戦攻勢を断行し、戦争の帰趨《きすう》を一挙に決せんとする」というものであった。ここでも、「一億国民の決起」と「挙げて特攻攻撃」がうたわれている。「決号」とは、まさに勝敗のすべてを決するという意味での「決」であり、作戦の具体的な内容は以下のように広範囲にわたるものであった。[*5]

第一　総則
第二　作戦要綱
　其一　要則　其二　対空襲作戦　其三　対上陸作戦ニ於ケル航空作戦
　其四　対上陸作戦ニ於ケル地上作戦　其五　海峡防衛
第三　兵力運用
第四　国内抗戦及国内警備
第五　情報収集
第六　築城
第七　教育訓練
第八　交通、通信
第九　後方作戦準備

注目すべきは、「要綱」の中で「第四　国内抗戦及国内警備」が独立して設定されていたことである。この「国内抗戦」こそは、先の国民戦争の具体化であり、「一億国民ノ決起」による国民義勇戦闘隊の動員へとつながるものであった。それは、以下のように記されている。

「国内抗戦及国内警備ノ主眼ハ軍ヲ中核トシ官民ヲ統合シテ国家総武装ノ態勢ヲ整ヘ外敵ヲ撃

滅シ且戦争遂行上ノ諸障碍ヲ排除シ作戦ニ寄与スルト共ニ国土ノ保全ヲ全ウスルニ在リ」

ここに示された、「官民ヲ統合シテ国家総武装ノ態勢ヲ整ヘ外敵ヲ撃滅」する「国内抗戦」とは、以下のように説明されている。

「国内抗戦は作戦部隊の配備手薄い正面又は支作戦方面において内陸作戦に移行する場合、若《も》しくは戦況膠着を予想する戦場にこれを採用し、師管区部隊、警備隊（在郷軍人を以て編成す）及び官民の義勇兵組織等を以て遊撃、偵諜《ていちょう》、偽騙、宿営妨害等のゲリラ行動を策した」[*6]

このように、「国家総武装の態勢」の具体化として、「義勇兵組織を以て遊撃、偵諜、偽騙、宿営妨害等のゲリラ行動」を行なうことが企図されていた。軍人以外の国民を総武装させ、「ゲリラ行動」を含む戦闘力として動員しようとするこの方針こそが、国民義勇戦闘隊の創設と課せられる使命に直結していくものであった。

二　国民義勇隊の構想と制度化

1　各地での空爆と硫黄島での敗北

以上のように、軍は当初から軍以外の戦闘組織として、武装化された国民組織の創設を予定していた。こうした軍の意向を背景に、上記の「決号作戦準備要綱」内示の三日後三月二三日には、「国民義勇隊組織ニ関スル件」が閣議決定され、そこには「状勢急迫セル場合ハ武器ヲ執ッテ決起スルノ態勢へ移行セシメン」という方針が明示されている。それは、「国家総武装ノ態勢」を実際に担う国民組織結成への布石であった。

この三月という時期に、戦局はどのような展開を見せていたのか。すでに前年の一九四四年一一月には東京や名古屋等に対する空爆が本格化されていたが、四五年に入るとその回数は激増し、三月一〇日の東京大空襲では一〇〇万人に及ぶ罹災者が出ることとなった。

三月一四日には、「B29九十機三たび夜間来襲　大阪地区・雲上盲爆」として、大阪への大空襲が行なわれ、以下のような報道がなされている。

「大本営発表　火災の大部は……鎮火せり　我制空部隊の迎撃に依り来襲敵機の相当数を撃墜

破せるも其の細部は目下調査中なり　墜落十一機　損害を与えたるもの約六十機」(「読売報知新聞」一九四五年三月一五日付)

このように被害は甚大であっても、有効な反撃を加えているとの報道である。「墜落十一機　損害を与えたるもの約六十機」との大本営発表は、「其の細部は目下調査中」のまとされ、曖昧で誇張された数字が国民に伝えられていた。また、硫黄島へのアメリカ軍上陸による戦闘は、三月に入り新聞等によって以下のように国民にも知らされている。

「硫黄島　敵の兵器奪い勇戦　十一日戦車を伴う敵の重烈な反抗攻撃を受けたが各拠点とも確保して益々壮烈な斬込みを断行」「連日の我将兵の敢闘により敵の行動は逐次慎重となり、わが陣前至近距離に陣地を強化し斬込みを怖れて警戒は極めて厳重である」(「読売報知新聞」一九四五年三月一五日付)

この戦闘は、先述の「帝国陸海軍作戦計画大綱」に示されたように、アメリカ軍を足止めし本土上陸を遅らせることが眼目であったが、圧倒的兵力を有するアメリカ軍一一万に対し、日本側守備隊は二万二〇〇〇余名であった。援護もなく孤立した守備隊は、いかに「敵の兵器奪い勇戦」しようとも、いかに「壮烈な斬込みを断行」しても、「戦車を伴う敵の重烈な反抗攻撃」に対しては犠牲が増えるばかりであり、その結果日本軍二万名余が戦死し、戦闘は終結した。そして同島に新設された航空基地は、B29の護衛機の基地となり、加えて戦闘機部隊の離着陸も可能となり、日本上空への飛来と攻撃はより一層厳しさを増していった。

もはや、本土侵攻の切迫は明らかであり、そうした状況の下で武装化した国民組織の結成を求める動きが明確となり、硫黄島の記事と同じ日の三月一五日、「国民特攻の狼火」を叫ぶ次のような報道がなされ始めた。

「澎湃《ほうはい》たり・忠誠心結集　全国各地区別に隊結成準備
本土決戦へ　国民特攻の狼火
陛下に捧げ奉る特攻精神」（「読売報知新聞」一九四五年三月一五日付）

記事は、次のように続く。「敵の日本民族抹殺の野望が明らかにされ、その本土侵攻作戦切迫するにつれて全国地方民の決戦決意はいよいよ激しく底流しつつある」「これら地方民は……自ら決然各地方毎に特攻的結集をめざして起ち上がりつつあり」と。

ここでは、「敵の日本民族抹殺の野望」という表現の下に本土侵攻への危機感を昂揚させ、全国民の決起による「隊結成準備」と「特攻的結集」への呼びかけが行なわれた。

2　新たな国民組織の結成

以上の状況の下で、三月二三日、「国民義勇隊組織ニ関スル件」が閣議決定された。以下に全文を揚げ考察を進めよう。

現下ノ事態ニ即シ本土防衛態勢ノ完備ヲ目標トシ当面喫緊ノ防衛及生産ノ一体的飛躍強化ニ資スルト共ニ状勢急迫セル場合ハ武器ヲ執ツテ決起スルノ態勢へ移行セシメンガ為左記ニ依リ全国民ヲ挙ゲテ国民義勇隊ヲ組織セシメ其ノ挺身総出動ヲ強力ニ指導実施スルモノトス

一．目的

国民義勇隊ハ隊員各自ヲシテ旺盛ナル皇国護持ノ精神ノ下其ノ職任ヲ完遂セシメツツ戦局ノ要請ニ応ジ左ノ如キ業務ニ対シ活発ニ出動スルモノトス

（一）防空及防衛、空襲被害ノ復旧、都市及工場ノ疎開、重要物資ノ輸送、食糧増産（林業ヲ含ム）等ニ関スル工事又ハ作業ニシテ臨時緊急ヲ要スルモノ

（二）陣地構築、兵器弾薬糧秣《りょうまつ》ノ補給輸送等陸海部隊ノ作戦行動ニ対スル補助

（三）防空、水火消防其ノ他ノ警防活動ニ対スル補助

尚状勢急迫セル場合ニ応ズル武装隊組織及其ノ出動ニ関シテハ特別ノ措置ヲ講ズルモノトス

二、組織

（一）国民義勇隊ハ官公署、会社、工場事業場等相当多数ノ人員ヲ擁スルモノニ付テハ当該職域毎ニ其ノ他ノモノニ付テハ一定ノ職域毎ニ之ヲ組織セシムルモノトス

尚学校ニ付テハ別ニ定ムル学徒隊ノ組織ニ依ルモ前項ノ業務ニ付テハ国民義勇隊トシテ出動スルモノトス

（二）国民義勇隊ニ参加セシムベキ者ハ老幼者、病弱者、妊産婦等ヲ除クノ外可及的広汎ニ包含セシムルモノトス

注一　右ノ範囲ハ国民学校初等科修了以上ノ者ニシテ男子ニ在リテハ六十五歳以下女子ニ在リテハ四十五歳以下ノ者トス、但《ただ》シ右ノ年齢以上ノ者ニ在リテモ志願ニ依リ参加セシム

注二　家庭生活ノ根軸《こんじく》タル女子ニ付テハ組織及運用ニ付特別ノ考慮ヲ払フモノトス

（三）国民義勇隊ハ一般ニ職場毎ニ組織スルモノハ職場、地域毎ニ組織スルモノハ一定ノ地域ニ依リ夫々一定ノ基準ニ従ヒ男女別ニ之ヲ編成セシムルモノトス

尚出動業務ノ必要ニ応ジ最モ有効適切ニ活動シ得ル如ク隊員ノ年齢、体力、職種等ヲ標準トシテ特別ノ出動編成ヲモ併《あわ》セ考慮セシムルモノトス

（四）都道府県毎ニ国民義勇隊本部ヲ設ケ当該区域内国民義勇隊ヲ統轄セシム本部長ハ地方長官トス

市区町村隊ノ隊長ハ市区町村長トス

三．運用

（一）国民義勇隊ノ出動ハ本部長又ハ其ノ定ムル所ニ従ヒ各隊長ニ於テ其ノ必要アリト認メテ自ラ之ヲ為ス場合ノ外出動要請ニ基キ之ヲ行フモノトス

（二）原則トシテ国民義勇隊ノ出動要請ハ地方長官ニ対シテ之ヲ為シ地方長官之ガ出動指令ヲ発スルモノトス

（三）国民義勇隊ハ軍部隊ノ補助ノ為出動スル場合ハ当該陸海軍部隊長ノ指揮ヲ受ケ警防活動ノ為補助ノ為出動スル場合ハ当該官署長ノ指揮ヲ受クルモノトス
其ノ他ノ業務ノ為出動スル場合ハ当該工事又ハ作業ノ施行者ノ要請ニ従ヒ行動スルモノトス

四．其ノ他

（一）国民義勇隊ノ出動ニ要スル経費ハ其ノ目的ニ応ジ軍、政府、公共団体又ハ其ノ出動ノ受益者ニ於テ負担スルヲ原則トス

（二）国民義勇隊ノ組織運用等ニ関シテハ在郷軍人会、警防団等ト互ニ齟齬《そご》スル所ナカラシメ彼此両全ヲ期スル如ク配意スルモノトス

（三）農山漁村ニ在リテハ食糧増産等ニ関スル農林水産業者ノ活動ヲ徹底セシムルヲ旨トシ国民義勇隊ノ組織運用等ニ当リテハ之ト齟齬セザル様特ニ配意スルモノトス

（四）本組織ノ指導的要員ニ付テハ官民有識者ノ挺身協力ヲ予定ス

備考

一．本件ト表裏シテ軍隊ニ於テモ警防、建設、生産、輸送等ニ対シ積極的ニ応援協力スルモノトス

二．国民義勇隊員タル農林水産業者ノ目的第一項中ノ食糧増産等ニ対スル出動ハ現行制度ニ依ルモノトス

三．本件ニ関スル運用上必要ナル細目ハ別ニコレヲ定ム

①出動任務

以上のように、この新たな国民組織の結成は、「本土防衛態勢ノ完備」のためであり、「当面喫緊ノ防衛及生産ノ一体的飛躍強化ニ資スル」ためであると定められている。さらには前記のように、「状勢急迫セル場合ハ武器ヲ執ツテ決起スルノ態勢へ移行セシメン」として、状勢に応じて国民武装組織の「態勢へ移行」することも宣言されていた。

その際、「国民義勇隊ハ隊員各自ヲシテ旺盛ナル皇国護持ノ精神ノ下其ノ職任ヲ完遂セシメツツ戦局ノ要請ニ応ジ左ノ如キ業務ニ対シ活発ニ出動スル」ことを求めている。「旺盛ナル皇国護持ノ精神」や「活発ニ出動」とあえて強調しているのは、国民義勇隊が上からの強制によって作りあげられる組織ではなく、国民の自らの自発性に基づき結成されるべきと定

めているからである。

国民義勇隊に課されるべき任務としては、「防衛及生産」に関する様々な出動があげられている。まずは、防空、防衛、空襲被害復旧、工場疎開や重要物資の輸送、さらには食糧増産等に関する動員であり、さらには水火消防等の警防活動に対する補助も規定されている。

その中で、「食糧増産」については、「農山漁村ニ在リテハ食糧増産等ニ関スル農林水産業者ノ活動ヲ徹底セシムルヲ旨トシ国民義勇隊ノ組織運用等ニ当リテハ之ト齟齬セザル様特ニ配意スルモノトス」とされていることが注目される。

その背景にあったのは、当時の食糧事情の切迫であり、配給制度の下で国民が極度の飢えに苦しんでいたという実態である。食糧生産活動が阻まれるなら、「本土決戦」の根底自体が総崩れになってしまう。国民を農業生産に従事させることはきわめて重要であり、同時に「武器ヲ執ッテ決起スル」ことも重要であり、その深刻なジレンマが、このような表現になってあらわれていたのである。

②組織の体制

次に国民義勇隊の組織体制として、官公署や会社そして工場等多数の人員を擁する部署はそれぞれ職域義勇隊を、その他は一定の地域ごとに地域義勇隊を組織し、さらに学校における学徒隊の出動業務については、「国民義勇隊トシテ出動スルモノトス」とされた。学徒隊に関しては、

第六章で述べよう。

また、都道府県ごとに国民義勇隊の本部を設け、本部長は地方長官とし、市区町村隊の隊長は市区町村長とし、副隊長以下の幹部は隊長が任命することとした。副隊長は部隊を指揮する参謀的役割を果たし、本部長や隊長の指揮の下に動員を行なうこととした。

組織されるべき対象者はどのように定められたのか。「老幼者、病弱者、妊産婦等ヲ除ク」ことは当然として、その上で「国民学校初等科修了以上ノ者ニシテ男子ニ在リテハ六十五歳以下女子ニ在リテハ四十五歳以下ノ者」とされ、女子も含めかなり広範な年齢層が包含されている。さらには、「但シ右ノ年齢以上ノ者ニ在リテモ志願ニ依リ参加セシム」として、男子六五歳以上や女子四五歳以上でも「志願」の形で隊に編入する道も残していた。まさに、可能な限りでの国民総動員、すなわち「根こそぎ動員」の組織が目ざされていたというべきだろう。

そうした中で、「家庭生活ノ根軸タル女子ニ付テハ組織及運用ニ付特別ノ考慮ヲ払フモノトス」と定めていたことは重要である。家父長制による家族制度を根幹とし、国家も一大家族であり、その家長が天皇であるとした天皇制家族国家において、「家庭生活」を実際に維持し、子孫を生育する女子の役割は国家イデオロギーの基盤として重要であり、女子への無配慮の動員は根本的矛盾であった。

しかしながら、この「特別ノ考慮」については、以後の関連文書においても具体的な言及はなされていない。また女子も上記のように「国民学校初等科修了以上……四十五歳以下ノ者」として一二歳から四五歳までの広汎かつ大量の動員がかけられており、「特別ノ考慮」なるものがどの程度の具体性と実効性を持ったのかは疑問なしとしない。もはや、家族国家としての伝統の建前すら、存続させることが困難となりつつあったといえよう。

さらには、前記のように、軍の作戦行動への支援として、「陣地構築、兵器弾薬糧秣ノ補給輸送等陸海部隊ノ作戦行動ニ対スル補助」があったが、「三　運用」において、「軍部隊ノ補助ノ為出動スル場合ハ当該陸海軍部隊長ノ指揮ヲ受ケ」るとされ、直接に軍の指揮下に入ることが予定されていた。実際に、国民義勇隊に軍事演習への動員がかけられた事例等は、第三章で詳述する。

擧げて国民義勇隊へ
いざ鎌倉、武装蹶起
防衛生産の一體的强化
擧國防衛の尖兵
總蹶起の秋到る
職域、地域毎に結成

一九四五年三月二五日付「読売報知新聞」

こうした、軍によって指揮されるという想定は、「一、目的」の㈢「状勢急迫セル場合ニ応ズル武装隊組織及其ノ出動ニ関シテハ特別ノ措置ヲ講ズルモノトス」という規定ともあいまって、軍と連動する中核部隊としての国民義勇戦闘隊の編成を必然化させるものであった。

③新聞による報道

この「国民義勇隊組織ニ関スル件」は、新聞各紙で次のように大々的に報道されるところとなった。

「挙げて国民義勇隊へ

いざ鎌倉、武装決起　防衛、生産の一体的強化

本土戦場化不可避の情勢に備へ、政府は本土防衛態勢の完備を目標に、当面の急務たる防衛及び生産の一体的飛躍強化に資すると共に状勢急迫した場合は武器をとつて決起する態勢を整へるため、今回全国民を挙げて国民義勇隊を組織せしめることとなり……」（「読売報知新聞」一九四五年三月二五日付）

合言葉は一人十殺

竹槍なくば唐手で

老幼も起つ沖縄縣民

討つぞ盲爆の仇

一九四五年三月二九日付「朝日新聞」

続けて、「戦闘的国民組織の躍動」というタイトルで、次のように報じられている。

「国民義勇隊の組織要綱が発表せられた。戦局の危急に応ずるところの、戦闘的国民組織の発展である。小磯首相の演説にもある通り、政府は国民の熱烈なる要望に応へて、この組織を発表したのだ。国民の盛り上る力の発現の大道を指向したのだ」（「読売報知新聞」一九四五年三

月二五日付）

注目すべきは、これと同じ時期、沖縄では「今月初旬に全青壮年を一丸とした義勇軍の結成式が那覇市の官幣小社波上宮の広場で行われた。……『一人十殺』を合言葉として戦意の沸騰ぶりはいい現しようのないほどであった」（「朝日新聞」一九四五年三月二九日付）と報道されていたことである。

このように、国民義勇隊の組織化は、沖縄での「一人十殺」の「義勇軍」とも連動し、「戦意の沸騰」を実現させ、冒頭の「武器ヲ執ツテ決起スルノ態勢へ移行」することを強く促すものであった。

3 「奉公隊」から「義勇隊」へ

ところで、この国民義勇隊という名称について、当初内閣は「義勇奉公隊（仮称）」としていた。なぜ、当初は「義勇奉公隊」であり、それが国民義勇隊に改称されたのか。

「奉公」という用語は、当時の国民総動員態勢の下で最も馴染みやすい言葉ではあった。むろん、「奉公」の「公」とは今日でいう「公益」（public）のことではない。文部省が編纂した『臣民の道』（一九四一年）は、「公」について次のように述べている。

「我等は国民たること以外に人たることを得ず、更に公を別にして私はないのである。我等の生活はすべて天皇に帰一し奉り、国家に奉仕することによつて真実の生活となる。日常我等が私生活と呼ぶものも、畢竟《ひっきょう》これ臣民の道の実践であり、天業を翼賛し奉る臣民の営む業として公の意義を有するものである」（「第三章　臣民の道の実践」）

すなわち、「公の意義」とは「天皇に帰一し奉り、国家に奉仕する」ことであり、それこそが「奉公」であり、国民にとっての「真実の生活」といいうるものであった。ただし「奉公」という言葉は、あまりに一般的に用いられていた用語であり、「本土決戦」という危急存亡の秋《とき》に国民を総決起させるには、よりインパクトの強い名称がふさわしいとされたのではないか。そのために、「義勇」という名称を中心に据えた隊名が採用されたのだと思われる。

加えて、この「義勇」とは、小学校の段階から国民に繰り返し説かれていた「教育勅語」の最も核心部分を担う用語でもあった。すなわち、「一旦緩急アレハ義勇公ニ奉シ以テ天壌無窮《てんじょうむきゅう》ノ皇運ヲ扶翼《ふよく》スヘシ」の部分である。

その意味するところは、天皇に顕現される「国体」を揺るがす危急の大事件が起こった時には、「義勇公ニ奉」ずることこそ臣民の最も重要な務めであるとするものである。まさに「本土決戦」こそは、その時であり、「義勇」を中心に据えた隊名こそが、時局に最も適《かな》い、臣民たる国民の使命感をより強く喚起させうるとされたのではないだろうか。

実際に、この隊名は国民の意識を昂揚させ、これ以降、「農耕義勇隊」（三月二八日）、「神州護持翼壮義勇隊」（四月一二日）、「農事義勇隊」（四月一四日）、「復興義勇隊」（四月二六日）、「洗濯義勇隊」（五月五日）、「斬込義勇隊」（五月二六日）、「宣伝義勇隊」（七月六日）等の、「義勇」を中心に据えた様々な民間の隊が各地に流行のように発足している。[*7]

4　すべてに代わる最終組織

ところで、この国民義勇隊の創設にあたっては、既存の国民組織である大政翼賛会をはじめとする翼賛壮年団、大日本政治会、さらには在郷軍人会や警防団等との関係をどうはかるのかをめぐる拮抗と対立の関係が存在していた。

①既存組織との関係

例えば、内務省警保局保安課の報告において、幹部選任をめぐる主導権争い、すなわち「其ノ組織ニ関シ特ニ関心深キ軍部（郷軍）、大政翼賛会、翼賛壮年団、大日本政治会、右翼団体等ニ於テ幹部ノ選任ヲ繞《めぐ》リテ若干摩擦対立ヲミタル」（「㊙昭和二十年七月十七日　国民義勇隊ノ運用活動状況　警保局保安課」）という言及がなされている。[*8]

この点では、前記「国民義勇隊組織ニ関スル件」における「四．其ノ他」の、「国民義勇隊ノ組織運用等ニ関シテハ在郷軍人会、警防団等ト互ニ齟齬スル所ナカラシメ彼此両全ヲ期スル如ク配意スルモノトス」という条項に注目する必要があろう。この段階では、国民義勇隊と在郷軍人会、警防団との組織関係について、「互ニ齟齬スル所ナカラシメ」るための調整がいまだついていなかった。そのために、「両全ヲ期スル如ク配意スル」ことが求められたのである。

後述するように、四月一三日の閣議決定「状勢急迫セル場合ニ応ズル国民戦闘組織ニ関スル件」では、在郷軍人会（在郷軍人防衛隊）の組織は「発展的解消」するものと定められた。また、警防団に関しては、同一四日の「国民義勇隊組織ト警防団トノ関係ニ関スル件」（「行政指針第四十三号」）で、「警防団ハ国民義勇隊組織ニ一体化スルコトヲ目途トシ一面警防ニ些《いささか》モ間隙支障ナカラシムルコトヲ確保」することが決定された。[*9]

このように在郷軍人会や警防団との関係は様々に調整が志向され、後に軍や内務省の主導の下に一定の決着を見ることとなる。

以上に加えて、内務省と翼賛政治会およびその後身としての大日本政治会等の既存の政党勢力との拮抗が存在した。内務省と軍は、政党勢力による国民義勇隊の主導を嫌ったのであり、共に先手を打って大日本政治会の影響を縮小させることに努めた。[*10]

また、当時の国民運動に大きな影響力を有した大政翼賛会と翼賛壮年団との関係では、両者を事実上指導してきた内務省は、四月二日の新たな閣議決定「国民義勇隊組織ニ関スル件」で、「国民義勇隊ノ中央、地方ノ機構成ルト同時ニ大政翼賛会、翼賛壮年団ヲ解体スル」こと、および「大政翼賛会所属ノ各団体モ事情ノ許ス限リ逐次国民義勇隊ニ解体参加セシムル」と定めることに成功した。

さらに、五月八日の閣議決定「国民義勇隊ノ組織ニ伴ヒ大政翼賛会、翼賛壮年団及大政翼賛会ノ所属団体ノ措置ニ関スル件」において、「大政翼賛会及翼賛壮年団ニ対シテ……国民義勇隊ノ組織ニ関シ其ノ機能ヲ挙ゲテ協力スベキ旨ヲ通達」している。あえて「其ノ機能ヲ挙ゲテ協力スベキ」と定めたところに、拮抗の関係を強制的に解消させようとする意図がうかがえよう。

加えて、大日本婦人会、大日本青少年団、大日本商業報国会および農業報国会等の翼賛国民動員組織に対しても、「国民義勇隊ト一体化スルヲ目途トシ事情ノ許ス限リ成ル可ク速ニ解体統合スル様指導」することを決定した。

こうした動きから見出されるのは、当初あくまでも在郷軍人会主導の国民組織を念頭に置いた軍と、それに対し国内統治の翼賛機関（大政翼賛会や翼賛壮年団等）による主導を眼目とした内務省の間の複雑な主導権争いが、国民総武装と生産力増強の徹底的な動員態勢の実現という点で妥協に至ったということであろう。

このように、国民義勇隊はすべての既存の組織の拮抗を封印し、それらすべてに代わる最終の国民組織として、「本土決戦」下における国民の総動員を実現するものだったのである。

②組織運営をめぐる拮抗

さらに、国民義勇隊の組織内部の運営の主導権をめぐる拮抗が存在した。当初、国民義勇隊の指揮権をめぐり、総司令を内閣総理大臣とする中央機構を設置するか、それとも最高指揮権を大本営が持つかについて政府と陸軍とが対立した。しかしながら対立の調整はつかず、中央機構の設置は見送られ、結局「国民義勇隊」の事務は内務省が扱うことで決着がついた。[*11]

先述のように「決号作戦準備要綱」では、「軍ヲ中核トシ官民ヲ統合シテ国家総武装ノ態勢ヲ整ヘ外敵ヲ撃滅」する方針が確立しており、また先述のように三月二三日の閣議決定では、「状勢急迫セル場合ハ武器ヲ執ツテ決起スルノ態勢へ移行」するとされ、軍にとっては「国民戦闘組織」の母胎となるべき国民義勇隊の結成をまずは確実にすることが、一番の眼目であった。それにより、内務省との連携は可能となったのである。

このように、三月の閣議決定から紆余曲折があったが、結果として内務省が主導し中央組織は置かず府県ごとに本部を置く（本部長は知事）こととし、大政翼賛会、翼賛壮年団、大日本婦人会、在郷軍人防衛隊等は発展的に「解体統合」され国民義勇隊に一元化することとなった。

5　着々と進む「総武装」

以上に述べた諸勢力の主導権争いの下でも、軍は余念なく「国家総武装ノ態勢」づくりの企図を着々と押し進めていた。まずは前記「状勢急迫セル場合ハ武器ヲ執ツテ決起スルノ態勢」を軍の側から主導する組織としての、地区司令部と地区特設警備隊の設置である。それは、先述した「帝国陸海軍作戦計画大綱」で策定した「本土決戦」に向けた、国内軍事体制の構築の一環であった。

①軍管区と師管区の設置

この点において、一月二二日に軍管区司令部の再編が発令され、二月二一日に編成を終了している。軍管区司令部は管区内の軍政業務と防衛を担うものとされ、これと併置して実戦部隊を動かす戦闘組織としての方面軍司令部を設置する体制が作り出された。さらに、二月二八日、軍管区司令部の隷下《れいか》にあり地方防衛に従事する師管区司令部の設置が発令されている。[*12]

本土における八つの軍管区、すなわち北部・東北・東部・東海・中部・中国・四国・西部と、その隷下の師管区司令部が設置された場所は以下である。[*13]

なお、中国・四国軍管区は師管区が設置されていない。本土以外では、台湾軍管区と朝鮮軍管区が置かれていた。

また（　）内は、次項で詳述する地区司令部の名称である。

北部軍管区

旭川師管区（旭川・釧路・札幌・函館・豊原）

東北軍管区

弘前師管区（青森・盛岡・秋田）

仙台師管区（仙台・福島・山形）
東部軍管区
東京師管区（東京・浦和・甲府・横浜・千葉）
宇都宮師管区（宇都宮・水戸・前橋）
長野師管区（長野・新潟）
東海軍管区
名古屋師管区（名古屋・岐阜・静岡・津）
金沢師管区（金沢・富山）
中部軍管区
京都師管区（京都・大津・福井）
大阪師管区（大阪・奈良・和歌山・神戸）
中国軍管区（広島・松江・山口・鳥取・岡山）
四国軍管区（高松・徳島・高知・松山）
西部軍管区
久留米師管区（福岡・佐賀・長崎）
熊本師管区（熊本・大分・宮崎・鹿児島）

②地区司令部と地区特設警備隊の創設

以上の各軍管区と師管区設置を基盤として、国民義勇隊結成を閣議決定した翌三月二四日、陸軍は「官民ノ国民戦闘組織ヲ即急ニ完整スルヲ目的トシテ地区司令部（連隊区司令部、陸軍兵事部）、地区特設警備隊ノ編成」を命じ、三月末から四月にかけて編成を終えた。この地区司令部は、各師管区における府県にそれぞれ置くものとされた。

こうした地区司令部編成に関して、陸軍次官通牒「陸密第二〇五八号」（四月二四日）「地区司令部、地区特設警備隊ノ臨時編成及国民戦闘組織ニ関スル件」が発された。そこでは、地区特設警備隊の役割を、「国民ノ総力ヲ軍ノ決戦ニ集中寄与セシメントスル唯一ノ動脈トナルモノナリ」と端的に示し、さらに、「国民戦闘組織ニ就テ」の項において、「先般閣議決定セラレタル国民戦闘組織ハ今般編成セラレタル地区司令部及地区特設警備隊トハ極メテ有機的関連ヲ有スル」とし、「特ニ緊密化ヲ計リ以テ軍ヲ中核トスル国民組織ノ完璧ヲ期セラレ度」と命じている。[*14]

こうして、地区司令部（地区指令官）は担当地域の防衛に関し、地区特設警備隊を統率するとともに、地域ごとに構成される「国民戦闘組織」を「即急に完整」させることを任務とした。各地域ごとの特性を発揮し、軍事行動を容易にすることが目ざされたのである。

③「国民抗戦組織ノ完備」

さらに地区特設警備隊に関しては、三月二四日、軍令陸甲第四八号で、「地区特設警備隊臨時編成要頭」が令達され、四月以降なるべく早い時期の編成が目ざされた。[*15]

そこでは、地区司令官の命により地域の兵役体験者である予備役を防衛召集し、各地区（連隊区）ごとに地区特設警備隊を数個ないし数一〇個編成し、総数九〇七隊を結成することが指示されている。さらに、市、区、郡ごとの地区特設警備隊は数個の中隊、小隊に区分され、町村の行政区画に準じて編成するように定められた。軍隊経験と訓練を経ている特設警備隊員が、「国民戦闘組織」を軍事面から指導することが企図されていたのである。

こうした地区特設警備隊の役割は、四月一五日に大本営陸軍部が「地区特設警備隊運用の参考（案）」を出し、さらに明確に示されている。[*16] すなわち、「地区特設警備隊ヲ中核トスル国民抗戦組織ノ完備」こそが、「本土決戦」の最も重要な要であり、「之ガ為特ニ国民義勇隊トノ緊密ナル一体化ヲ考慮セザルベカラズ」とされ、さらに、その「国民抗戦」は「絶対必須ノ要件」であり、以下のような「遊撃戦」として戦われることが求められていた。

「国内抗戦就中《なかんずく》遊撃戦準備ノ完整ハ本土決戦遂行上絶対必須ノ要件ナルノミナラズ現下ノ情勢ニ鑑ミ最モ速カナルヲ要ス」

「敵戦線ノ後方ニ一斉ニ短切熾烈ナル遊撃戦ヲ展開シ、其ノ成果ヲシテ直チニ決戦ニ呼応セシムルヲ要ス、此ノ際遊撃ニ任ズル部隊ハ仮令全滅ヲ賭スルモ全軍ノ作戦ニ貢献スルノ概ナカルベカラズ」
「地区特設警備隊ハ国民ヲ領導シテ一億特攻ニ発展セシムベキモノナリ」

このように、地区特設警備隊は「全滅ヲ賭スルモ」「作戦ニ貢献スル」戦闘を担うことが任務として課されており、それら特設警備隊に「領導」される「国民抗戦組織」もまた、「一億特攻ニ発展」する役割が想定されていた。

＊1藤原彰『餓死した英霊たち』（初出青木書店〔二〇〇一年〕、ちくま学芸文庫〔二〇一八年〕）および吉田裕『日本軍兵士――アジア・太平洋戦争の現実』（中公新書、二〇一七年）は、膨大な戦病死と餓死、さらには不十分な警護の下での兵員輸送船沈没による三〇万人を超えた海没死の実態を明らかにしている。戦地に赴いた日本兵の多くは、無計画ともいえる作戦や補給と兵站の根本的欠落によって飢餓にあえぎ、次々と斃れていった。また、軍人軍属全体の死者三一〇万人の実に九割が、敗戦前の一年半で亡くなっているという実証的な考察を行なっている。このことは、「本土決戦」に至る過程でいかに膨大な戦死者を生み出していたのかを示すものであり、さらに「本土決戦」に突き進んだ際にどれほど多くの死者を伴うことになったのかを示すものでもあろう。

＊2本土決戦への動きに関し、前掲森松「本土決戦準備」、防衛庁防衛研修所戦史室『戦史叢書　本土決戦準備〈1〉関東の防衛』第六章「帝国陸海軍作戦計画大綱と本土決戦準備」朝雲新聞社、一九七一年、

同『戦史叢書　本土決戦準備〈2〉九州の防衛』「序章」、一九七二年、前掲森山等を参照した。
＊3「防衛総司令官、方面軍司令官等会同席上に於ける参謀総長口演　昭和二〇年二月七日」防衛省防衛研究所戦史研究センター所蔵。
＊4服部卓四郎『大東亜戦争全史4』鱒書房、一九五三年、一四六頁。この「内示」の経緯は、以下のようなものであった。「作戦計画は一月二十日策定せられた『帝国陸海軍作戦計画大綱』に基き三月中旬策定を終り、『決号作戦準備要綱』と呼称され、三月二十日、本土各方面軍の参謀長及び関係幕僚を召集してこれを内示し、本土の作戦準備を促進する処置を採った」
＊5前掲『戦史叢書　本土決戦準備〈1〉関東の防衛』三〇六頁～三一三頁。
＊6前掲服部一五〇頁。
＊7「街に村に義勇隊」（「朝日新聞」一九四五年三月二九日付）、「〔広告〕農耕義勇隊緊急募集」（「読売報知新聞」一九四五年四月一四日付）等。
＊8国立公文書館所蔵「昭和二十年国民義勇隊関連書類」に綴じられた「昭和二十年七月十七日㊙国民義勇隊ノ運用活動状況警保局保安課」の「一．概説」参照。
＊9『十五年戦争極秘資料集23　国民義勇隊関係資料』不二出版、一九九〇年、二八頁。
＊10照沼康孝「国民義勇隊に関する一考察」『年報・近代日本研究1　昭和期の軍部』山川出版社、一九七九年。同論文で照沼は、国民義勇隊の創設に際し、「かなりの反対が、この後国民義勇隊に統合される組織の中に生じていた」（二〇九頁）として、その様相を詳細に論じている。
＊11藤原彰「Ⅲ太平洋戦争論」『太平洋戦争史論』青木書店、一九八二年、一八二頁以下を参照。
＊12これら軍司令部の再編については、同上藤原一八五頁以下を参照。
＊13「付表第二　終戦時における東北・東部・東海軍管区部隊一覧表」（『戦史叢書　本土決戦準備〈1〉関東の防衛』）、「付表第二終戦時における西部・中部・中国・四国軍管区部隊一覧表」（『戦史叢書　本土

決戦準備〈2〉九州の防衛』）を参照。

＊14同上『戦史叢書　本土決戦準備〈1〉関東の防衛』二五四頁〜二五六頁。

＊15地区特設警備隊の創設および運用については、同上『戦史叢書　大本営陸軍部〈10〉』第二章「本土決戦準備発足の苦悩」一九七五年、八八頁〜八九頁。および同上『戦史叢書　本土決戦準備〈2〉九州の防衛』第五章一三「国内抗戦準備の指導」を参照。

＊16「地区特設警備隊運用の参考（案）昭和二〇年四月一五日」（防衛省防衛研究所戦史研究センター所蔵資料の階層「陸軍一般史料／中央／作戦指導／その他」）。

第二章 「一億総特攻」への準備

一　日々高まる切迫感

1　非現実的な精神論

四五年四月一日、ついにアメリカ軍は沖縄本島に総攻撃を開始し、戦局は新しい局面を迎えた。本土周辺に切迫感が高まり、軍中央は国家総動員による「本土決戦」態勢の強化をさらに押し進めた。

先の三月二〇日に内示された「決号作戦準備要綱」は四月八日に正式に発令されたが、同日、陸軍省は「皇土決戦ニ於ケル将兵ノ訓トスヘシ」として、「本土決戦」に臨む将兵の精神的準拠を示す、以下の「決戦訓」を陸軍大臣阿南惟幾《あなみこれちか》の名をもって示達《じたつ》している。

それは「将兵」を対象としたものであったが、後述の「義勇兵役法」により国民義勇戦闘隊が「兵役」とされた段階では、義勇戦闘隊員にも課されるはずの「決戦訓」であった。そこでは、「本土決戦」において国民と兵士に何が求められるのかが具体的に示されている。

決戦訓〔原文も平がな〕

仇敵撃滅の神機に臨み特に皇軍将兵に訓《おし》ふる所左の如し

一　皇軍将兵は神勅《しんちょく》を奉戴《ほうたい》し、愈々《いよいよ》聖諭《せいゆ》の遵守に邁進すべし。聖諭の遵守は皇国軍人の生命なり。
神洲不滅の信念に徹し、日夜聖諭を奉誦《ほうしょう》して之が服行《ふっこう》に精魂を尽すべし。必勝の根基《こんき》茲《ここ》に存す。

二　皇軍将兵は皇土を死守すべし。
皇土は、天皇在しまし、神霊鎮《しず》まり給ふの地なり。
誓って外夷《がいい》の侵襲を撃攘《げきじょう》し、斃《たお》るるも尚魂魄《こんぱく》を留めて之を守護すべし。

三　皇軍将兵は待つ有るを恃《たの》むべし。
備《そなえ》有る者は必ず勝つ。
必死の訓練を積み、不抜の城塁を築き、闘魂勃々《ぼつぼつ》、以て滅敵必勝の備を完うすべし。

四　皇軍将兵は体当り精神に徹すべし。
悠久の大義に生くるは皇国武人の伝統なり。

挙軍体当り精神に徹し、必死敢闘、皇土を侵犯する者悉《ことごと》く之を殺戮し、一人の生還無からしむべし。

五　皇国将兵は一億戦友の先駆たるべし。
一億同胞は総《すべ》て是皇国護持の戦友なり。
至厳なる軍紀の下、戦友の情誼《じょうぎ》に生き、皇軍真の姿を顕現して率先護国の大任を完うすべし。

右の五訓、皇軍将兵は須く之を恪守《かくしゅ》し、速かに仇敵を撃滅して宸襟《しんきん》を安んじ奉るべし。

ここに示されているように、「神勅を奉戴し」「神洲不滅の信念に徹」することが国民（兵士）のとるべき道であり、「必勝の根基茲に存す」とされている。「皇土を死守」し「必死の訓練を積」み「滅敵必勝の備を完うすべし」というのである。「滅敵」「殺戮」「撃滅」と同様のことが繰り返し述べられ、「体当り精神に徹し、必死敢闘、皇土を侵犯する者悉く之を殺戮」し、「護国の大任を完うすべし」と命じている。

最後は、「速かに仇敵を撃滅して宸襟を安んじ奉るべし」でしめくくられている。「宸襟を安んじ奉る」とは、いうまでもなく「天皇の御心を安らげる」という意味である。

ここにあるのは、止めどない戦局の悪化・敗退という現実、そして圧倒的な兵力差を、「皇土は、天皇在しまし、神霊鎮まり給ふの地なり」という神がかりの精神論によって埋め合わせる、非現実的な展望といえるものであった。

さらに注目すべきは、「一億同胞は総て是皇国護持の戦友なり」という表現である。それは、「一億国民皆兵」および「一億総特攻」という総武装の実現を意味するものであり、「国民義勇戦闘隊」の結成に直ちに連動していくものであった。

2 「一億同胞」の実態――「戦死者又は敵の銃器を執り」――

さらに、大本営陸軍部は、「決戦訓」が示達された四月八日から十日余り経った四月二〇日をもって「国土決戦教令」を配布した。先の「決戦訓」は、いわば本土決戦に臨む将兵の「信念」や「精神」のあり方を命じた「訓戒」であったが、この「教令」は決戦下での兵士が絶対に確守すべき具体的な行動、すなわち「戦闘守則」を定めるものであった。そこでは、先の「決号作戦準備要綱」で「官民ノ義勇兵組織ヲ以テ遊撃」するとされた「国内遊撃戦」の実践的な方針が定められており、「国民義勇戦闘隊」との関連で重要な意味をもっている。

その内容は、「第一章　要旨、第二章　将兵ノ覚悟及戦闘守則、第三章　作戦準備、第四章　決勝会戦、第五章　持久方面ノ作戦、第六章　情報勤務、第七章　交通、通信、第八章　兵站」と広汎に及ぶものである。

長文にわたるため、以下に要約して引用しよう。

第一章　要旨

第一　国土作戦の目的は来寇《らいこう》する敵に決戦を強要して絶対必勝し皇国の悠久《ゆうきゅう》を確保するに在り之が為国土作戦軍は有形無形の最大戦力を傾倒し猛烈果敢なる攻勢により敵上陸軍を殲滅《せんめつ》すべし

第二　国土に於ける決勝作戦の成否は皇国の興廃に関す　仰いで国体の無窮を念《おも》い俯して建軍の本義に稽《かんが》へ挙軍一心匪躬《ひきゅう》の節を致して一死君国に報い絶倫の努力を傾倒して作戦目的の必成を期すべし
第三　省略
第四　神州は磐石不滅なり皇軍は自存自衛の正義に戦う即ち将兵は皇軍の絶対必勝を確信し渾身の努力を傾倒して無窮の皇国を護持すべし　以下省略
第五　戦場は悠久の皇土なり此処《ここ》に父祖伝承して倶《とも》に生を享《う》け民族永劫の生命と共に存すべき地なり　万策を尽くして国民皆兵の実を発揮し且一切を活用戦力化し以て皇土総決戦に参与せしむべし
第六、第七　省略

ここでも、「皇軍の絶対必勝」を強調する中で、「神州は磐石不滅なり」「民族永劫の生命」という神秘的精神主義を唱えている。さらには、「一死君国に報い」や「絶倫の努力を傾倒」および「渾身の努力を傾倒」すべきことを求めている。
注目すべきは、以下の「第二章　将兵の覚悟及戦闘守則」である。

第八　国土決戦に参ずる全将兵の覚悟は各々身を以て大君の御《み》盾《たて》となりて来寇する敵を殲

滅し万死固より帰するが如く七生報国《しちしょうほうこく》の念願を深くして無窮なる皇国の礎石《そせき》たり得るを悦ぶべし

第九、第十、省略

第十一　決戦間傷病者は後送せざるを本旨《ほんし》とす　負傷者に対する最大の戦友道は速かに敵を撃滅するに在るを銘肝し敵撃滅の一途に邁進するを要す戦友の看護、附添《つきそい》は之を認めず　戦闘間衛生部員は第一線に進出して治療に任ずべし

第十二　戦闘中の部隊の後退は之を許さず　斥候《せっこう》、伝令、挺進攻撃部隊の目的達成後の原隊復帰のみ後方に向かう行進を許す

第十三　作戦軍は全部隊、全兵種悉く戦闘部隊なり　後方、補給、衛生勤務等に任ずる部隊も常に戦闘を準備し命に応じ第一線に進出、突撃に参加すべきものとす　徒手《としゅ》の将兵は第一線戦死者又は敵の銃器を執り戦闘を遂行すべし

第十四　敵は住民、婦女、老幼を先頭に立てて前進し我が戦意の消磨を計ることあるべし斯かる場合我が同胞は己が生命の長きを希《ねが》わんよりは皇国の戦捷《せんしょう》を祈念しあるを信じ敵兵撃滅に躊躇すべからず

第十五　敵は住民を殺戮し、住民地、山野に放火し或は悪宣伝を行う等惨虐の行為を到る処に行うべし　将兵は常に敵愾心《てきがいしん》を昂揚し烈々たる闘魂を発揮し断じて撃たずば止むべからず

このように、「己が生命の長きを希わんより」「大君の御盾となりて来寇する敵を殲滅」することを国民に課している。

その実現のために、「決戦間傷病者は後送せざるを本旨とす」「敵撃滅の一途に邁進するを要す」「戦闘中の部隊の後退は之を許さず」と命じ、「無窮なる皇国の礎石たり得るを悦ぶべし」とし、一切の「後退」や「傷病者の後送」等を許さず死を賭して闘うことを命じている。

また、「徒手の将兵は第一線戦死者又は敵の銃器を執り戦闘を遂行すべし」とし、いわば武器を持たない丸腰（「徒手」）の将兵にも突撃を命じている。

さらには、「敵は住民、婦女、老幼を先頭に立てて前進し我が戦意の消磨を計ることあるべし」と述べ、「敵兵撃滅に躊躇すべからず」と命じている。これは、敵の前にいる国民を躊躇しないで殺せという命令であり、壮絶で非道な国内遊撃戦が想定されているといってよい。「戦友の看護、附添は之を認めず」も同意であろう。

将兵や住民の生命を顧みず、「無窮なる皇国の礎石たり得るを悦ぶべし」とするところに、軍が構想した「本土決戦」の本質が端的にあらわれている。先の「決戦訓」における「一億同胞」という概念の実態は、このようなものであった。国民を守ることを最初から放棄した、軍事上も極めて拙劣《せつれつ》な方針であるが、これが帝国陸軍のまぎれもない姿でもあった。

この「国土決戦教令」は将兵のみならず「万策を尽くして国民皆兵の実を発揮」すること、すなわち全国民を「根こそぎ動員」することを予定しており、後述するようにこの二カ月後に発せられる「国民義勇戦闘隊教令」に直接に結びつくものであった。

3 二つの閣議決定

このような軍の動きの下で、「決戦訓」と「国土決戦教令」の示達に挟まれた四月一三日に、新たな動きが起こる。

三月二三日の「国民義勇隊組織ニ関スル件」では「状勢急迫セル場合ハ武器ヲ執ツテ決起スルノ態勢へ移行セシメン」と定めていたが、早くもこの四月一三日の定例閣議で、「国民義勇隊組織ニ関スル件」の追加、および「状勢急迫セル場合ニ応ズル国民戦闘組織ニ関スル件」の二件が決定された。国民義勇戦闘隊の構想が、さらに具体的な姿をあらわしたのである。

なお、「状勢急迫セル場合に応ズル国民戦闘組織ニ関スル件」には「一億皆兵ニ徹シ其ノ総力ヲ結集シテ、敵撃滅ニ邁進スル」という文言があるが、それは、「国土決戦教令」の「敵撃滅ノ一途ニ邁進スル」と直接一致する表現となっている。

この「状勢急迫セル場合ニ応ズル国民戦闘組織ニ関スル件」は、「陸軍大臣阿南惟幾 海軍大臣米内《よない》光政《みつまさ》」の連名による「陸軍海軍両大臣請議」という形で、「内閣総理大臣鈴木《すずき》貫太郎《かんたろう》殿」に宛てて提出されており、陸海軍の要望を直接に反映させようとしたものであった。[*1]

新聞各紙は一斉に大きく取り上げ、具体的な内容について報道を行なっている。

郷土戦場化直ちに
戦闘隊に轉移
軍の指揮下、動員には法的措置
戦闘組織
行過ぎ訓練注意
いざ戦ふまで増産につとめよ

一九四五年四月一五日付「読売報知新聞」

「郷土戦場化直ちに　戦闘隊に転移
　軍の指揮下、動員には法的措置
一億皆兵に徹しその総力を結集して敵殲滅に邁進するため、状勢急迫せる場合国民義勇隊は左に準拠し之を戦闘組織に転移せしむ。
一．状勢急迫せば戦場となるべき地域の国民義勇隊は、軍の指揮下に入り夫々共同を核心とし防衛、戦闘等任務に任ずる戦闘隊（仮称）に転移するものとし、これが発動は軍管区司令官、鎮守府司令長官、警備府司令長官の命令による
右のため兵役法に規定する者以外の帝国臣民もその適格者は新たなる兵役義務により軍人として動員し統帥権下に服役せしめ得る如く必要なる法的措置を講ず
二．戦闘隊組織と国民義勇隊組織とは表裏一体たるものとす
地方長官は軍管区司令官、鎮守府司令長官、警備府司令長官の指示する所に基《もとづ》き義勇隊組織につき戦闘隊転移への準備態勢を整備するものとし右軍事訓練は軍管区司令官、鎮守府司令

長官、警備府司令長官の担任とす」（「読売報知新聞」一九四五年四月一五日付）

以上のような「郷土戦場化」というかけ声の下で、この時期各地で様々な戦闘訓練が行なわれ始めたことも見ておかなければならない。

例えば、千葉県下の航空機会社では、社長を中心に神社で血盟し、「国民義勇隊の構想をすでに実践する」組織を立ち上げた。「一糸乱れぬ軍隊編成」を組織し、「男子隊員には一人十殺の竹槍《やり》を女子隊員は薙刀《なぎなた》をふり作業の暇に猛練習を続け」ているとされた。静岡県下田町では三月二一日、「全町民が総武装して決起する旨を決議し、義勇突撃隊結成方針を決定」し、「男子は挺進斬込戦術を、女子は護身術ならびに救護炊出し」を行う訓練を開始している。同県田方《たがた》郡の村では、「護国隊」として警視庁師範を招聘《しょうへい》し「斬込法の練習」を行なう方針を立てている。秋田県では「県下同志を糾合《きゅうごう》」し、「国民義勇隊組織の尖兵《せんぺい》」として「町村防衛と増産の先頭に立つ」と報じられている（「朝日新聞」一九四五年三月二九日付）。

以上の「国民義勇隊組織ニ関スル件」と「状勢急迫セル場合ニ応ズル国民戦闘組織ニ関スル件」の全文は、以下のとおりである。

◎「国民義勇隊組織ニ関スル件」　昭和二〇年四月一三日

一．昭和二十年三月二十三日閣議決定　国民義勇隊組織ニ関スル件ハ状勢急迫セル場合ニ

応ズル国民戦闘組織ニ照応セシメツツ急速之ヲ実施ニ移スモノトス

二．国民義勇隊ノ中央機構ハ特別ニ之ヲ設ケズ

三．国民義勇隊ノ組織及運用ニ当ツテハ国民ノ盛リ上ル熱意ヲ原動力トスルト共ニ統率ノ妙ヲ発揮シ国民ノ闘魂ヲ振起セシムル如ク地方ノ実情ニ即シ格段ノ配意ヲ致スモノトス

四．国民義勇隊ノ組織成ルト同時ニ大政翼賛会、翼賛壮年団ヲ解体スルモノトス

◎「状勢急迫セル場合ニ応ズル国民戦闘組織ニ関スル件」　昭和二〇年四月十三日

一億皆兵ニ徹シ其ノ総力ヲ結集シテ敵撃滅ニ邁進スル為状勢急迫セル場合国民義勇隊ハ左ニ準拠シ之ヲ戦闘組織ニ転移セシム

状勢急迫セバ戦争トナル可キ地域ノ国民義勇隊ハ軍ノ指揮下ニ入リ夫々郷土ヲ核心トシ防衛戦闘等ニ任ズル戦闘隊（仮称）ニ転移スルモノトシ之ガ発動ハ軍管区司令官、鎮守府司令長官、警備府司令長官ノ命令ニ依ル

右ノ為兵役法ニ規定スル者以外ノ帝国臣民（概ネ年齢十五歳以上五十五歳以下ノ男子及年齢十七歳以上四十歳以下ノ女子ト予定シ学齢以下ノ子女ヲ有スル母親等不適者ヲ除ク）モ新タナル兵役義務ニ依リ「兵」トシテ動員シ統帥権下ニ服役セシメ得ル如ク必要ナル法的措置ヲ講ズ

戦闘隊組織ト国民義勇組織トハ表裏一体タルモノトス

地方長官ハ軍管区司令官、鎮守府司令長官、警備府司令長官ノ指示スル所ニ基キ義勇隊組織ニ付戦闘隊転移ヘノ準備態勢ヲ整ヒタルモノトシ右軍事訓練ハ軍管区司令官、鎮守府司令長官、警備府司令長官ノ担任トス

備考

(一)在郷軍人防衛隊ハ之ヲ発展的解消スルモ在郷軍人ハ戦闘隊訓練指導ニ当ラシムルモノトス

(二)国民義勇隊ノ幹部タル在郷軍人ノ一部ハ戦闘隊トナリタル場合ニ於テモ軍ニ於テ個別ニ召集スルコトナク依然戦闘隊幹部トシテ残ス□如ク別途措置スルモノトス

(三)国民義勇隊員中戦闘組織ニ編入セラレザル者ノ本場合ニ於ケル組織等ニ付テハ各地方長官ニ於テ別途定ムルモノトス

閣議諒解事項

警防団ハ国民義勇隊ノ組織ニ一体化スルコトヲ目途トシ一面警防ニ聊《いささか》モ間隙支障ナカラシムルコトヲ確保シツ、必要ナル措置ヲ講ズルモノトス

4 国民義勇戦闘隊への「転移」

以上に見るように、「国民義勇隊組織ニ関スル件」と「状勢急迫セル場合ニ応ズル国民戦闘組

織ニ関スル件」は連動しながら、「一億皆兵ニ徹シ其ノ総力ヲ結集シテ敵撃滅ニ邁進スル」道すじを示すものであった。

まずは国民義勇隊を「国民戦闘組織ニ照応セシメツツ」結成すると定め、「急速之ヲ実施ニ移ス」としている。「戦闘隊組織ト国民義勇組織トハ表裏一体タルモノトス」という規定にもあらわれているように、国民義勇隊は当初からその基幹部分が「戦闘隊組織」となるように、それを見込んで編成すべきとされていた。

こうした戦闘隊への「転移」は「軍管区司令官、鎮守府司令長官、警備府司令長官ノ命令ニ依」り行なわれることとし、さらに在郷軍人の役割を重視し、最初から「戦闘隊トナリタル場合」を見越して「依然戦闘隊幹部トシテ残ス」ように指示している。

戦闘隊の対象となる隊員の年齢は、国民義勇隊が男女ともに一二歳以上で男子六五歳以下女子四五歳以下であったのに対し、男子が一五～五五歳、女子が一七～四〇歳としている。戦闘要員として実際に活動できる年齢の絞り込みが行なわれているが、それにしても男子一五歳以上五五歳以下、女子一七歳以上四〇歳以下という年齢の幅はかなり広範囲であり、加えて上限が高齢過ぎるともいえよう。

この「戦闘隊組織」は、「新タナル兵役義務ニ依リ『兵』トシテ動員」するとされ、兵役義務を課した強制的な組織とすることが決定された。「国民ノ盛リ上ル熱意」や「民意ノ発動トシテ組織」するはずの「自発性」の意匠は、もはや完全に取り払われていた。ただし、「兵役義務」

を制度的に課す法令は未だ制定されておらず、第四章で述べるように、次の段階で「義勇兵役法」により実現されることになる。

また、上記のように女性もこの「兵役」の対象となり、「女性兵士」の創出がすでに規定の方針となっていたことは重要である。

加えて、国民義勇隊統率のための中央機構は、設置しないことも決定されている。その状勢判断は、以下のようであったろう。「本土決戦」においては、米軍は重要な交通網や通信網に対し徹底的な破壊爆撃を実施する。本土は北海道、本州、四国、九州のそれぞれに分断・孤立化させられ、さらには米軍の上陸地点によって寸断されることになる。したがって、「戦争トナル可キ地域ノ国民義勇隊ハ軍ノ指揮下ニ入リ夫々郷土ヲ核心トシ防衛戦闘等ニ任ズル」ことが実際的であり、それぞれの軍管区において「夫々郷土ヲ核心トシ」て独立して戦うことが求められたのである。

二　国民義勇戦闘隊の「原型」

1　具体的任務と戦闘方法――「総力交戦」の断行と「皇土ニ喜ンデ屍ヲ埋メ」――

ところで、軍の内部では、「状勢急迫セル場合に応ズル国民戦闘組織ニ関スル件」の発出と同じ四月一三日、早くも中部軍管区司令部・舞鶴《まいづる》鎮守府・大阪警備府により、「本土決戦」下の国民義勇戦闘隊の動員と戦闘行動の「原型」とも呼ぶべき「総力交戦」案が決定されていたことは注目に値する。

先の「決号作戦準備要綱」に基づき、「最モ有効ニ皇土決戦ヲ遂行シ軍ノ作戦ニ協力」させることを目的とした、「極秘　近畿地方総力交戦準備要綱草案」の策定である。[*2]

この「要綱」は「草案」とはいえ、「戦局推移ノ急速ナルニ鑑《かんが》ミ先ヅ本草案ニ依リ為シ得ル限リ交戦ニ関スル諸準備ヲ迅速ニ進捗セシムル」と定められており、来るべき「本土決戦」で準拠されるべき「要綱」でもあり、ただちに準備を進めることが求められていた。

その内容は、以下の目次に示されるように、詳細な「本土決戦」の作戦を網羅したものであった。

第一．方針
第二．一般指導要領
第三．防衛地帯ノ設定ト交戦準備上ノ憑拠《ひょうきょ》
第四．防衛地帯ノ交戦準備要領
甲　直接交戦ニ関スル事項

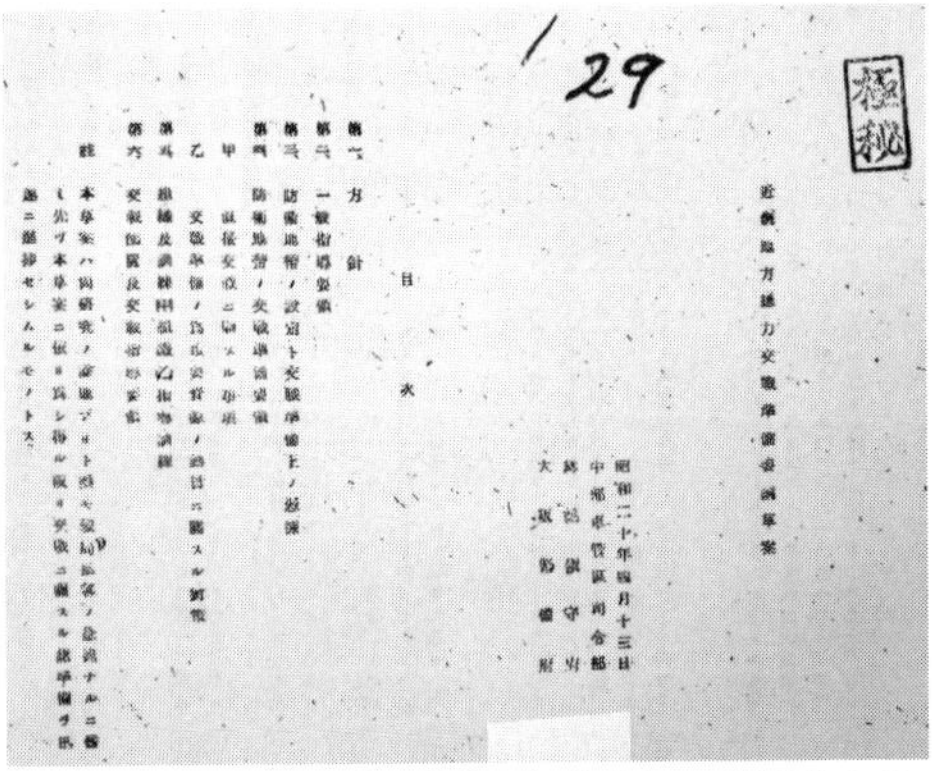

「極秘　近畿地方総力交戦準備要綱草案」（大阪府公文書館所蔵）

乙　交戦準備ノ為重要資源ノ動員ニ関スル対策
第五．組織及訓練
（甲）組織（乙）指導訓練
第六．交戦配置及交戦指導要領

「総力交戦」の「第一．方針」では、「軍作戦ノ遂行ニ官民ノ戦力ヲ傾注」させ、さらには「父祖承伝ノ皇土ニ喜ンデ屍《しかばね》ヲ埋メ飽ク迄《まで》戦ヒ必勝ノ信念ヲ以テ誓ッテ米英ヲ撃砕《げきさい》シ皇国ヲ護持セントスル」ことが示されている。

この中部軍管区とは、大阪、京都、奈良、滋賀、三重、福井や中国・四国地方を管轄する中心的な軍管区であり、これら地域を事例として、きわめて具体的に義勇戦闘隊の任務や戦闘の方法が明示された。

さらに、この「要綱」は「交戦ニ従事スベキ国民義勇戦闘隊」と明記しており、初めて「国民義勇戦闘隊」という固有の名称が用いられたことも注目される。同日に閣議決定された「状勢急迫セル場合ニ応ズル国民戦闘組織ニ関スル件」では、いまだ「国民戦闘組織」という一般名称のままであり、さらに「国民義勇戦闘隊」の名称が正式に用いられたのは、六月二二日公布の「義勇兵役法」や翌二三日公布の「国民義勇戦闘隊統率令」等によってであったことを考えると、その名称を約二カ月前に先取りしていたということができる。

以上の点で、まさに軍による「本土決戦」計画の、近畿地方に即した実例ともいえるものであり、そこで示された国民義勇戦闘隊の動員と戦闘形態がどのようなものであったのかが明らかにされなければならない。

2　任務としての「遊撃戦」

「要綱草案」では、「本土決戦」における「戦況ノ推移」を三つの段階に分け、それぞれにおける防衛体制を、①「極力重要物資ノ生産増強ニ勉ムルト共ニ鋭意交戦準備ヲ行」う段階、②「整然交戦ノ配置ニ就」く段階、③「総《すべ》テノ準備ヲ完成シテ交戦ノ状態ニ入」る段階として指示している。

それらの防衛体制の構築においては、「尋常一様ノ方法ヲ以テシテハ到底其ノ目的ヲ達成シ得サル」とし、「相当ノ犠牲ヲ忍ビ□□ヲ排除シ難関ヲ打開シ敢《あえ》テ特別非常ノ手段ヲ講ジテ其ノ完遂ヲ期ス」という「特別非常ノ手段」を求めている。それは、「凡《あら》ユル障害ヲ排除シ一部ノ犠牲ヲモ敢テ之ヲ忍ビ断行セザルベカラズ」という、国民の犠牲を当然視する交戦方針の明示であった。

①「非協力者ヲ厳ニ弾圧スル」

特徴的なことは、戦闘に非協力な国民への弾圧と取締りが明示されていることである。すなわち、「其ノ熱意ニ乏シク感□□□ザルモノニ付テハ之ヲ譴責《けんせき》又ハ弾劾ノ措置ヲ講ジ」ること、さらには「非協力者ヲ厳ニ弾圧スルト共ニ其ノ因《よ》ツテ来ル禍根ニ対シ機敏徹底的ナル対策ヲ講」じ、「国民ノ混乱動揺ニ対シテハ厳重ナル取締ヲ実行」することが示されていた。このことは、後述する「義勇兵役法」において、兵役を忌避《きひ》する国民に対し陸軍刑法による刑罰を科したことと結びついている。

「国民義勇戦闘隊」の実際の任務として定められたのは、「軍ノ指揮下ニ義勇戦闘隊トシテ交戦ニ従事」することであり、具体的には「軍ノ指揮下ニ於テ遊撃又ハ其ノ他ノ戦闘ニ関スル事項ヲ遂行」することであった。

ここで命じられた「遊撃又ハ其ノ他ノ戦闘」とは、「遊撃拠点ニ拠リ神出鬼没積極果敢ナル遊撃ヲ不断靱強《じんきよう》ニ継続ス」ることによって、「極力敵ノ戦力ヲ撃砕スル」ことであるとされている。

その際、海上からの敵の上陸のみならず、「敵空挺部隊ノ主要ナル降下」をも義勇戦闘隊の防衛任務として課し、「随所ニ行ハルル敵ノ降下ニ対シテモ亦《また》機敏ニ之ニ対処シ得ル如ク準備ス」ることを指示している。この「敵空挺部隊」すなわち落下傘部隊との戦闘は、第五章で示す『国民抗戦必携』でもきわめて重視され、具体的な戦闘方法が解説されるものであった。

②「常ニ敵ノ意表ニ出テ」

さらに戦闘隊の任務として、具体的に監視、偵察、諜報、防諜、謀略、通信連絡、輸送及集積が定められていたことも注目されよう。

「監視」の任務とは、「防衛地帯ニ於ケル敵作戦行動ノ可能ナル地域ノ全面ニ亘《わた》リ必要ナル監視警戒ヲ為シ得ル如ク哨所《しようしよ》ヲ配置ス」ることであり、「偵察」とは、「関係アル地形ハ予《あらかじ》メ仔細ニ偵察ヲ遂ケテ之ヲ熟地タラシメ就中《なかんずく》険難ナル地形ニ於《お》テモ十分交戦シ常ニ敵ノ意表ニ出テ得ル如ク用意ス」ること、また捕虜（俘虜《ふりよ》）を獲得するための「敵情視察」も課し、「俘虜ノ獲得ヲ計画準備シ獲得セル俘虜ハ最寄ノ軍隊又ハ憲兵ニ送付シ敵情ヲ明《あきらか》ナラシムルニ勉ム」ことも重要な任務であった。

「諜報、防諜、謀略」とは、「特ニ軍ト緊密ニ連繋《れんけい》シ遊撃ト相俟《あいま》ツテ敵戦力ノ萎縮消耗ヲ図ル」こと、そのために「予メ軍ノ意図ニ基キテ諜報網ヲ準備シ諜報員ヲ養成整備シ監視捜索ノ処置ト相俟ツテ敵情ノ諜知《ちょうち》ニ勉ム」るという、「諜報網ヲ準備」と「諜報員ヲ養成」を共に行う本格的なものであった。

「輸送及集積」については、義勇戦闘隊用の必要品や食糧等に関する具体的な指示を出している。すなわち、「国民義勇戦闘隊ノ為必要トスル軍需品ノ集積用施設ヲ準備ス　施設ハ分散遮蔽《しゃへい》ニ勉メ成ルベク之ヲ地下又ハ掩体《えんたい》下ニ格納」することとした。また、「義勇戦闘隊ノ宿営予定地ニハ給食上必要ナル糧秣其ノ他ノ軍需品ヲ予メ準備シ其ノ保管格納及部隊ヘノ支給ニ遺憾ナカラシム」こと、さらには「交戦予定地区ノ後方又ハ側方ニシテ安全ナル地点ニ予メ傷者ヲ収療シ得ル如ク施設シ治療看護ヲ為シ得ル人員ヲ用意シ」等、看護体制の準備も指示している。

義勇戦闘隊の武器についても、「交戦ニ従事スベキ義勇戦闘隊ノ為予メ交付セラレタル兵器ハ其ノ保管ヲ確実ニ」すること、および「兵器ノ取扱ニ付テハ其ノ教育訓練ヲ十分ナラシメ」ることを指示している。また、「不足スル兵器ノ補塡ニ付テハ軍ノ指導ニ基キ自製スル」として自前の武器を求めている。武器の調達については、その後原則として自前・自製が指示されていくことは後述する。

義勇戦闘隊の結成時期については、「六月末迄ニ必要ナル部隊ヲ結成シ且訓練ヲ概成シ爾後《じこ》其ノ完成ヲ期ス特ニ実施ノ徹底ニ勉メ予定ノ期限ヲ厳守ス」と定め、「六月末迄」の結成の「厳守」を指示していた。

この点で、法令により正式に義勇戦闘隊の編成方針が打ち出されたのは、六月二二日の「義勇兵役法」であったから、まさにこの「要綱」が期したとおりに事態が進行したといえよう。

また、国民義勇隊と国民義勇戦闘隊との関係、および「転移」に関して、「国民義勇隊ノ編成ハ義勇戦斗《ママ》隊ト表裏一体タラシムル如ク義勇戦斗《ママ》隊ノ編制ニ近似セシムルニ勉メ已《や》ムヲ得ザルモ容易ニ此ノ編成ニ転移シ易カラシムル如ク定ムルモノトス」と明示している。

両者は「表裏一体」であると共に義勇戦闘隊の編成こそが目的であり、それに「近似」させて国民義勇隊を編成すること、そのことにより「容易ニ此ノ編成ニ転移シ易カラシムル」ことの重要性を述べている。

なお、この両者の「表裏一体」という表現も、同日の閣議決定「状勢急迫セル場合ニ応ズル国民戦闘組織ニ関スル件」で用いられた表現と全く同一であり、この点でも「要綱」は全国的な動向を先取りしたものであった。

3　軍による統制と戦闘隊の任務――「身命ヲ捧ゲテ渾身ノ力ヲ傾倒セシム」――

義勇戦闘隊の任務は、「最モ有効ニ皇土決戦ヲ遂行シ軍ノ作戦ニ協力」し「父祖承伝ノ皇土ニ喜ンデ屍ヲ埋メ飽ク迄戦ヒ必勝ノ信念ヲ以テ誓ツテ米英ヲ撃砕シ皇国ヲ護持セントスル」ことと定められた。

さらに、「自活自戦ノ態勢」や「縦《たと》ヒ敵後方ノ防衛地帯ニ滲透《しんとう》シタル場合ニ於テモ交戦ノ任務ヲ有スル義勇戦闘隊ハ……後退セサルモノトス」等、戦闘中の後退を決して許さずとする、先述の「国土決戦教令」と同様の内容が示されている。

注目すべきは、こうした戦闘隊に国民を結集させるため、軍による信賞必罰や報道宣伝の体系を制度化していたことである。この点でも、後述する「国民義勇戦闘隊員ニ関スル陸軍刑法、海軍刑法、陸軍軍法会議法及海軍軍法会議法ノ適用ニ関スル法律」や「国民義勇戦闘隊ノ礼式、懲罰、服装ニ関スル説明」を先取りするものであった。

具体的には、国民への飴と鞭とも言うべき、「表彰シ又ハ賞讃」「譴責又ハ弾劾」の措置が、以下のように定められていた。

「交戦ニ関スル準備ニ鋭意邁進シテ其ノ成績優良ナルモノハ勉メテ之ヲ表彰シ又ハ賞讃ノ手段ヲ講ジ其ノ熱意ニ乏シク感□□□ザルモノニ付テハ之ヲ譴責又ハ弾劾ノ措置ヲ講ジ国民ヲシテ競テ交戦準備ニ邁進セシムルニ勉ム」

こうした飴と鞭により「国民ヲシテ競」わせ戦闘に参加させようとするものであった。

また、「報道宣伝」の課題も提示し、「極力志気ヲ振作《しんさく》シ各々其ノ任務達成ノ為ニハ身命ヲ捧ゲテ渾身ノ力ヲ傾倒セシム」ることとし、そのために「特ニ皇民独得ノ忠君愛国ノ至誠ヨリ発スル感激ニ燃シムル如ク指導ス」ることが意図されていた。

さらには、戦闘隊の士気昂揚に「特攻隊」を利用することが特に有効とみなされ、「勉メテ戦況ノ真相ヲ伝ヘ特ニ我軍ノ奮戦就中特別攻撃隊ノ壮烈ナル実況ヲ報道シ我国民ヲ奮起セシムル」と説かれている。

こうした戦闘を実現するための、地区特設警備隊の重要な役割も、以下のように位置づけられている。

「地区特設警備隊ハ概ネ市、区、郡毎ニ一個ヲ編成シ通常之ヲ数個ノ中（小）隊ニ区分シ町村等ノ行政区画ニ準ジテ建制ノ部隊ヲ之ニ配置シ国民交戦ノ源動力タルベキモノトス」

三　四五年五月末の編成完了指示──「隊員ヲ率イ之ヲシテ倶ニ欣然死地ニ就カシメ」──

さて、以上のように「本土決戦」を現実化する「極秘　近畿地方総力交戦準備要綱草案」の作成と、国民義勇戦闘隊への転移を見とおした動きの中で、四月二七日の閣議では「国民義勇隊ノ組織運営指導ニ関スル件」が決定された。

この決定で重要なことは、国民義勇隊の編成完了の時期が五月末までと指示されたことである。その結果、内務省の主導の下で各都道府県の内政部長会議が開催され、義勇隊編成の動きが開始されていく。

この「国民義勇隊ノ組織運営指導ニ関スル件」の全文を、以下に示そう。

国民義勇隊ノ組織運営指導ニ関シテハ従前ノ閣議決定ニ依ルト共ニ特ニ左ノ諸点ニ留意スルモノトス

一．国民義勇隊ノ組織運営ニ当リテハ国民ノ盛リ上ル熱意ヲ原動力トシ民意ノ発動トシテ組織タラシメ其ノ民意ノ発動トシテノ活動タラシムル様指導育成スルヲ主眼トスルモノトス

二．国民義勇隊ハ隊員ヲシテ各其ノ職任ヲ完遂セシメツツ夫々ノ郷土ヲ核心トシ生産防衛ノ一体的強化ニ任ズルモノトシ特ニ当面ノ任務ハ飽ク迄モ軍需、食糧ノ増産等戦力ノ充実ニ邁進スルコトヲ重視ス

状勢急迫シ戦闘隊ニ転移シタル後ニ於テハ主トシテ作戦ノ要望スル生産、輸送、築城、防空復旧、救護等兵站的業務ニ服スルヲ主眼トシ状況ニ依リ戦闘任務ニ服シ以テ郷土自衛ヲ完了スルモノトス

国民義勇隊ノ出動訓練等ノ運営ハ右ノ趣旨ニ従ヒ実施スルモノトス

三．国民義勇隊ノ地域組織ニ当リテハ既存ノ職能組織ノ機能又ハ特質ヲ国民義勇隊ノ目的達成ノタメ最高度ニ発揮セシムル如ク市町村ノ基盤組織ニ付地方ノ実情ニ応ジ特別ノ措置ヲ講ズルモノトス

四．国民義勇隊ノ組織、編成等ニ関シテハ予メ其ノ戦闘隊転移ノ場合ノ事情ヲ篤《とく》ト考慮ニ入レ関係機関ト密ニ連繫シテ措置スルコトトシ特ニ左ノ点ニ留意スルモノトス

（一）国民義勇隊ノ指揮者、其ノ他ノ幹部ハ当該国民義勇隊ヲ戦闘隊ニ転移シタル場合原則トシテ其ノ儘《まま》戦闘隊ノ指揮者其ノ他ノ幹部トナルベキモノニ付之ガ選任ニ当ツテハ真ニ先頭ニ立ツテ隊員ヲ率イ之ヲシテ倶ニ欣然死地ニ就カシメ得ル輿望《よぼう》ト統率力アル人物ヲ起用スルコト

（二）右ノ場合地位、身分、職業、年齢ノ如何ニ拘《かかわ》ラズ広ク各方面ニ人材ヲ求メ起用スルコトトシ尚在郷軍人ヨリ選任スル場合其ノ地位ハ必ズシモ軍人トシテノ階級ニ拘ラザルコト

（三）国民義勇隊ニハ通常副隊長ヲ置キ適格者ヲ之ニ起用シ必要ニ応ジ隊長ニ代リテ隊ノ指揮ニ当ラシムルコト

指揮者其ノ他ノ幹部タルモノニ付テハ兵農工一体ノ趣旨ニ依ル教育訓練ノ方途ヲ講ズルモノトス

五．戦闘隊転移上ノ要請ニ応ジ町村隊ヲ原則トシテ郡ノ区域ニ依リ郡連合隊ヲ組織スルモノトス

町村内ノ職域隊ニシテ町村隊ニ所属セシメ難キモノハ之ヲ郡連合隊ニ所属セシムルコトアルモノトス

郡連合隊長ハ町村義勇隊ヲ統率スルニ足ル適格者ヲ本部長ニ於テ委嘱スルモノトス

ここでも、「国民ノ盛リ上ル熱意ヲ原動力トシ民意ノ発動トシテ組織タラシメ」とされるものの、実際は上からの強制的な組織化であったことはすでに述べたとおりである。さらに、「国民義勇隊ノ組織、編成等ニ関シテハ予メ其ノ戦闘隊転移ノ場合ノ事情ヲ篤ト考慮ニ入レ」ておくべきことが、あらためて指示されている。

この「篤ト考慮ニ入レ」るために、「国民義勇隊」と「戦闘隊」の両者の幹部の人選について、「戦闘隊ニ転移シタル場合原則トシテ其ノ儘戦闘隊ノ指揮者其ノ他ノ幹部トナルベキモノ」と定め、最初から「戦闘隊ノ指揮者其ノ他ノ幹部」たるべき者を選任すべきと念押しされている。

注目すべきは、その人物として、「真ニ先頭ニ立ツテ隊員ヲ率イ之ヲシテ倶ニ欣然死地ニ就カシメ得ル輿望ト統率力アル人物ヲ起用スルコト」が命じられていることである。義勇戦闘隊は「欣然死地ニ就カシメ」る部隊として、喜んで死に赴くことが予定された部隊であった。

＊1国立公文書館／太政官・内閣関係／公文類聚／昭和元年～20年／第69編・昭和20年／公文類聚・第六十九編・昭和二十年・第五十三巻・軍事二・海軍・防空・国民義勇隊・終戦関係・雑載「状勢急迫セル場

合ニ応スル国民戦闘組織ニ関スル件」

＊2なお「草案」ではない「成案」が策定されたとされるが、筆者はまだ未見である（塚崎昌之「『神州不滅』本土決戦の実態」『季刊戦争責任研究』第29号、二〇〇〇年九月、三七頁）。

第三章
各地における国民義勇隊の結成と動員

一　長野県の国民義勇隊と「第一行動隊」

1　組織指導方針の発令と活動

閣議決定「国民義勇隊ノ組織運営指導ニ関スル件」（四月二七日）において、五月末までに結成完了を求められた国民義勇隊であるが、そのための内政部長会議が各都道府県で開催され、結成の動きが各地で本格化し始めた。

長野県においても県知事大坪保雄《おおつぼやすお》が本部長に就任し、「長野県義勇隊組織指導方針」を発令し活動を開始している。この文書では具体的な結成の時期を、「市町村義勇隊ハ五月二十五日迄ニ郡連合義勇隊ハ二十八日迄ニ夫々結成本部長宛報告ヲ了スル」と指示し、まずは「各隊ノ中核体タルベキ人物ヲ以テ準備委員会ヲ作ラシムルコト」を指令している。*1

結成の際に、「神前ニ参集真ニ祖先ニ恥シサル憂国ノ至誠ヲ吐露シ決戦最後ニシテ最全ノ義勇隊結成ヲ図ルコト望マシカルベシ」と記されていることに注目しよう。地域の「神前」（神社）で誓うという儀式は、後述する各地の国民義勇隊の結成式でも必ず行なわれた。それは、「祖先ニ恥シサル憂国ノ至誠ヲ吐露」するためであった。そこには、家と地域を「祖先の慰霊」による祖孫《そそん》一体のものとし、「祖先ニ恥シサル」ことを「憂国ノ至誠」へと直接につなげていく意図が明瞭にあらわれている。
隊員の年齢構成に関しては、大きな特徴を見ることができる。国民義勇隊員としての年齢は定められておらず、最初から「義勇戦闘隊」要員の年齢のみを明示していることである。すなわち、「義勇戦闘隊要員ハ概ネ年齢十五才以上五十五才以下ノ男子及年齢十七才以上四十才以下ノ女子ニシテ学齢以下ノ子女ヲ有スル母親ヲ除クモノ並ニ志願ニ依リ之ガ要員タルモノヲ以テ充ツルモノトス」と定め、「学齢以下ノ子女ヲ有スル母親ヲ除ク」こと、および該当の年齢ではなくとも志願を認めるとしている。その上で、「市町村義勇隊」の年齢構成を次のように定めている。

各行動隊ノ要員ハ左記ノ通リトス

第一行動隊	戦闘隊要員タル男子	青年班	一五〜三〇才
第二行動隊	右以外ノ男子	壮年班	三一〜五五才
女子第一行動隊	戦闘隊要員タル女子	女子青年班	一七〜三〇才
女子第二行動隊	右以外ノ女子	婦人班	三一〜四〇才

このように、まずは「戦闘隊要員」を「第一行動隊」として編成し、年齢を男子「一五〜三〇才」、女子「一七〜三〇才」と定めている。それ以外の要員は「第二行動隊」となり、男子「三一〜五五才」、女子「三一〜四〇才」とする。男子・女子ともに実質的に戦闘行動の可能な青年

層に年齢を絞り込み、最初から「戦闘隊要員」を念頭に置いていることが分かる。それらは、一カ月前となる三月二三日に閣議決定された「国民義勇隊組織ニ関スル件」の男子年齢一二歳以上六五歳まで、女子年齢一二歳以上四五歳までの構成とは異なっている。

理由は明記されていないが、主な地域が農村地帯であるため、食糧増産態勢を維持することを重視したためであると思われる。いたずらに年齢幅を広げて動員をかけるのではなく、年齢幅を圧縮し、青年層はやむを得ないとしても農業に従事し得る者を可能な限り確保しようとしたのではないか。こうした特有の措置が、中央で認められていたのか否かは定かではない。

2　綱領と隊長挨拶――「既ニ生死ナク身命ヲ省ミズ」――

以上の組織方針の下での、長野県各地の具体的な結成の動きを検討してみよう。同県小県《ちいさがた》郡川辺村は、現上田《うえだ》市の近郊に位置する村であるが、五月二五日午前四時から「村社石久摩神社ノ庭」で「義勇隊結成式」が行なわれ、以下の「綱領」が作成されている。

綱領

一．大日本ハ天皇ノ統べ給フ神国ナリ吾等義勇隊員ハ神国興廃ノ危局ニ際シ必勝滅敵ノ闘魂ヲ振起シ其ノ全力ヲ以テ神国ノ防衛及生産補給ノ一体緊密ノ増強ヲ図ラン事ヲ期ス

一．臣民ハ天皇ノ赤子ナリ吾等義勇隊ハ強力ニシテ純粋無雑ナル天皇直結ノ国民ノ組織ナリ

未曽有ノ国難ヲ突破シ皇国護持ノ負荷ノ大任ヲ全フシ天皇陛下ノ御為ニハ一億皆兵ノ精神ニ徹シ武器ヲ執ルモ執ラヌモ既ニ生死ナク身命ヲ省ミズ挺身シ忠節ニ生キ聖旨《せいし》ニ副《そ》ヘ奉ランコトヲ期ス

以上の「綱領」においては、日本を「神国ナリ」と規定し、国民は「天皇ノ赤子ナリ」「吾等義勇隊ハ強力ニシテ純粋無雑ナル天皇直結ノ国民ノ組織」であると定めている。何よりも天皇との直接的な結びつきが強調されている。

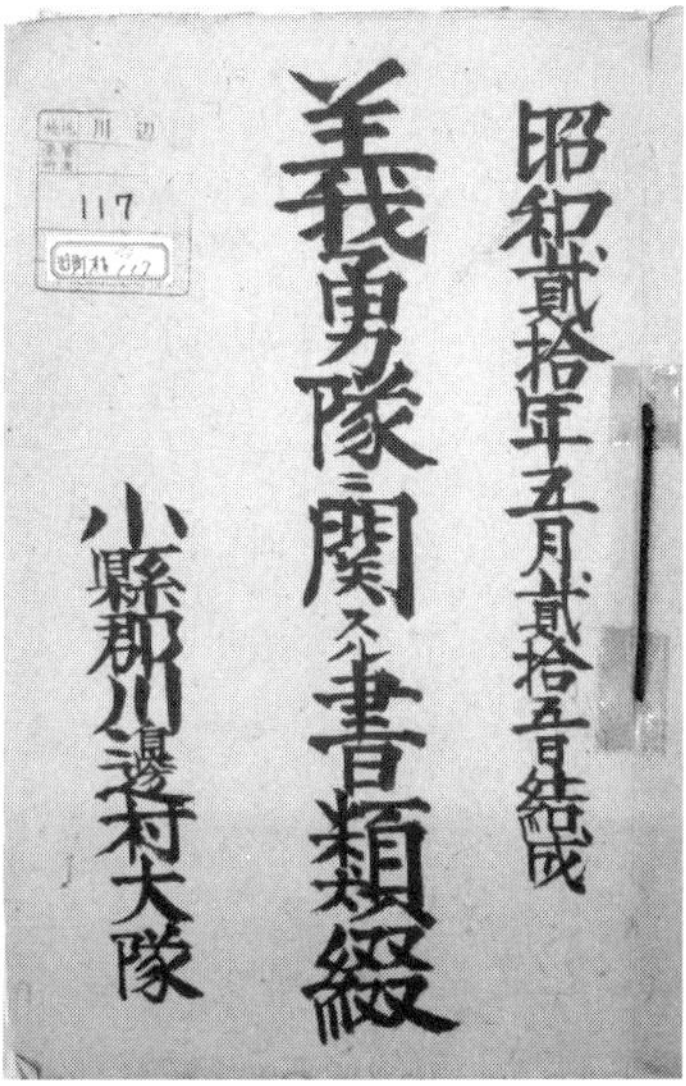

「義勇隊ニ関スル書類綴　小県郡川辺村大隊」（上田市公文書館所蔵）

そして、「天皇陛下ノ御為ニハ一億皆兵ノ精神ニ徹シ」とし、「武器ヲ執ルモ執ラヌモ既ニ生死ナク身命ヲ省ミズ挺身シ忠節ニ生キ」という「必勝滅敵ノ闘魂」が表明されている。さらには、以下の義勇隊隊長の挨拶文（五月二四日付）も作成された。やや長文であるが、町村レベルでの国民義勇隊の実態を示すものとして、全文を紹介しよう。

隊長挨拶

私ハ此ノ切迫セル状況下ニ於テ多クノ語ル可キモノヲ持チマセン
事既《ことすで》ニ此処ニ至ル唯々喋々《ただただちょうちょう》ト戦局ヲ論ズルノ要ガアリマセウ。只眼前事実ヲ直視セヨト私ハ絶叫スルノミデアリマス。ソシテ只々《ただただ》精魂ノ限リヲ傾ケテ戦ヒ抜ク猛《たけ》シキ行動ノ事実ノミヲ皆様方ト共ニ強烈ニ要求致シテ止マナイノデアリマス。国体ガ破レテ皇国ナク。皇国破レテ民族ナシ　民族破レテ生活ナシ。斯《か》クテハ総テノ終局デアリマス。吾々ハ眼前ノ事実ヲ回避シテ、手近カナ生活問題カラ国体ノ問題ヲ解決シヨウトシテハナリマセン
一切ノ問題ハ戦ヒニ勝ツ事ニ依テノミ解決サルルノデアリマス　本義勇戦闘隊ハ此ノ勝チ抜ク最後ニシテ最大ノ力ノ結集デアリ、三千年培カワレタル底力ノ行動隊デアリマス　此ノ力ヲ措《お》イテ何処ニ他ノ力ヲ求メラレマセウ
吾々ハ今コソ真ニ祖先ニ恥ジザル憂国ノ至誠ニ一貫シ　皇国護持ノ為ニ身命ヲ捧ゲテ惜シマヌ秋《とき》デアリマス
皇国三千年曽《かつ》テナキ難局ノ御代ニ生ヲ享ケ生キテ働クニ今日ノ程生甲斐《いき》ノアル秋ハ断ジテ無キコトヲ確信致シマス
生キテ生甲斐アリ死シテ死シテ死甲斐アリ。サレバ吾々義勇戦闘隊員ハ死生眼中ニ無シ生産戦闘ニ祖先ヨリ受継ギシ底力アル護国ノ身心ニ必勝滅敵ノ闘魂ヲ凝集シ隊員相携ヘ相率ヒテ

国難ニ殉ジ以テ皇国護持ノ大任ヲ完《まっと》フセンコトヲ願テ止マナイモノデアリマス
本日義勇戦闘隊ノ結成ニ当リ信念ノ一端ヲ披歴シ隊長ノ挨拶ト致シマス
昭和二十年五月二十四日　川辺村義勇隊　隊長

この「隊長挨拶」では、「国体ガ破レテ皇国ナク。皇国破レテ民族ナシ　民族破レテ生活ナシ」とし、「一切ノ問題ハ戦ヒニ勝ツ事ニ依テノミ解決サルルノデアリマス」と述べている。日常の「生活」よりも「国体」や「皇国」「民族」が優位であり、それなくしては「生活」は成り立ち得ないとしている。かくして、「今日ノ程生甲斐ノアル秋ハ断ジテ無」いのであり、「必勝滅敵ノ闘魂ヲ凝集シ隊員相携ヘ相率ヒテ国難ニ殉ジ」ることを「絶叫スルノミ」ということとなる。

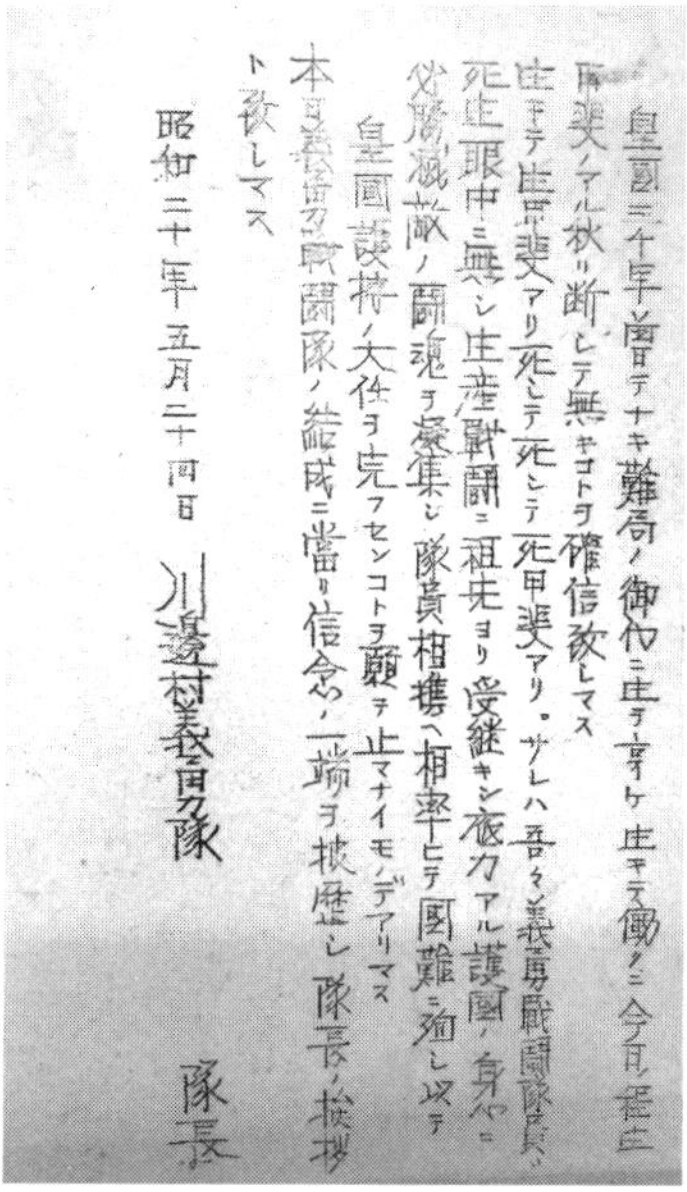
皇國二千年曽テナキ難局ノ御代ニ生テ幸ケ生キテ働クニ今日程生
甲斐アル秋ハ断ジテ無キコトヲ確信致シマス
生キテ生甲斐アリ死シテ死シテ死甲斐アリ・サレハ吾々義勇戦闘隊員ハ
死生眼中ニ無シ生産戦闘ニ祖先ヨリ受継キシ底力アル護國ノ身心ニ
必勝滅敵ノ闘魂ヲ凝集シ隊員相携ヘ相率ヒテ國難ニ殉シ以テ
皇國護持ノ大任ヲ完フセンコトヲ願テ止マナイモノデアリマス
本日義勇戦闘隊ノ結成ニ當リ信念ノ一端ヲ披歴シ隊長ノ挨拶
ト致シマス
昭和二十年五月二十四日　川邊村義勇隊　隊長

川辺村義勇隊隊長の挨拶文（上田市公文書館所蔵）

注目すべきは、前記「長野県義勇隊組織指導方針」と同様に、ここでも「義勇戦闘隊」の名称が複数回も記されており、いわば最初から「国民義勇隊」と同時に発足していることである。

すなわち、国民義勇隊隊長としての挨拶であるにも拘わらず、「本義勇戦闘隊ハ此ノ勝チ抜ク最後ニシテ最大ノ力ノ結集デアリ」と述べ、さらには「サレバ吾々義勇戦闘隊員ハ死生眼中ニ無シ」と明示し、義勇戦闘隊としての覚悟が示されている。挨拶の結びで、「本日義勇戦闘隊ノ結成ニ当リ信念ノ一端ヲ披歴シ隊長ノ挨拶ト致シマス」と述べていることも、それを示している。

こうして編成された同村の国民義勇隊（義勇戦闘隊）は、各部落ごとに国民義勇隊中隊を、隣組ごとに国民義勇隊分隊を編成している。さらに、「戦闘隊要員タル」男女による「第一行動隊」と、「右以外」による「第二行動隊」を分けている。県の指導方針と同一であることが分かる。そして六月二五日付で、以下の報告「義勇隊編成行動班別人員概数表」を県義勇隊本部長宛てに行なっている。

	第一中隊（下之条）	第二中隊（上日原）	第三中隊（神畑）	第四中隊（築地）	第五中隊（川辺町）	合計
第一行動隊	四六	三〇	三四	三一	一五	一五六
第二行動隊	九六	四二	一三六	七〇	七〇	四一四
計	一四二	七二	一七〇	一〇一	八五	五七〇

このように、同村では国民義勇隊員五七〇名中の約三割（一五六名）が、最初から「義勇戦闘

隊」（「第一行動隊」）の隊員として編成されていた。

3　「一億特攻」に向けた戦意昂揚――「本土決戦最後ノ必勝国民組織タラシメ」――

六月に入ると二六日付で、長野県国民義勇隊本部長から「郡市町村義勇隊長」宛てに「宣誓及綱領制定ノ件」が指示されている。

すなわち「国民義勇隊ヲシテ真ニ本土決戦最後ノ必勝国民組織タラシメ得ル途《みち》ハ、繋《つなが》ツテ隊員各自必勝滅敵ノ信念ニ透徹」することであるとし、「不断ニ隊員ヲシテ宣誓及綱領ヲ服膺《ふくよう》セシメ」ることを求めている。この宣誓と綱領の内容を以下に示そう。

長野県義勇隊宣誓

吾等ハ皇国護持ノ大任ヲ有ス　皇国正ニ危急存亡ノ秋　天皇陛下ノ忠良ナル臣民トシテ誓ツテ宿敵ヲ撃攘《げきじょう》シテ重責ヲ果シ　以テ祖先ノ遺業ヲ継承シ子孫ニ光栄ヲ伝ヘムコトヲ期ス

長野県義勇隊綱領

一．吾等ハ国民義勇隊員ナリ
　義勇奉公誓ツテ皇国護持ノ礎石タラム

一．吾等ハ国民義勇隊員ナリ

憤激挺身競ッテ生産戦力ノ源泉タラム

一、吾等ハ国民義勇隊員ナリ
必死敢闘奮ッテ宿敵撃滅ノ先駆タラム

このように、国民義勇隊を「真ニ本土決戦最後ノ必勝国民組織」と位置づけるとともに、隊員全員に「宣誓」と「綱領」を復唱させ、「一億特攻」に向けた戦意昂揚を指示していた。

4　連合義勇隊長が発した「檄《げき》」――「滅敵ノ一念ニ総力ヲ凝集シ」――

さらに、この六月には、沖縄戦の敗北が必至となり、各郡における「連合義勇隊」の動きが活発になっている。例えば、六月二八日、小県郡連合義勇隊長宮澤才吉《みやざわさいきち》により「敢《あえ》テ義勇隊員ニ檄ス」と題する「檄」が発されている。

檄

奮戦力闘茲《ここ》ニ三ヶ月　沖縄島所在ノ皇軍遂ニ全員壮烈ナル最後ノ総攻撃ヲ敢行ス。曩《さき》ニサイパン、硫黄島ノ要衝《ようしょう》ヲ失陥シ今亦本州四十余県ノ中ノ一県敵手ニ奪ハレントス。戦局ノ危急正ニ今日ヨリ重大ナルハナシ。醜敵本土ニ来寇ノ機目睫《もくしょう》ニ迫ルノ秋　我等義勇隊員ハ愈《いよいよ》、憤激ヲ新ニシ滅敵ノ一念ニ総力ヲ凝集シテ挺身敢闘　戦力増強ニ驀進《ばくしん》シ断ジテ皇国護持ノ大任

ヲ完遂セザルベカラズ。茲ニ檄ヲ発シ義勇隊員ノ奮起ニ訴フルコトトセリ　宜ク管下各隊ニ指示相成度《あいなりたく》

ここでは、「サイパン、硫黄島ノ要衝ヲ失陥」したことに続き、「今亦本州四十余県ノ中ノ一県敵手ニ奪ハレントス」という事態を隊員に訴えている。そして、「我等義勇隊員ハ愈、憤激ヲ新ニシ滅敵ノ一念ニ総力ヲ凝集シテ挺身敢闘」すべきと檄するのである。

5「驕米殲滅義勇運動」への参加――「醜敵撃滅以ツテ、大東亜戦完遂ノ大任ヲ」――

さらに、同二八日付で、同連合義勇隊長から「驕米殲滅義勇運動実施ニ関スル件」が示達された。この運動の趣旨を、「山川草木悉《ことごと》クコレヲ楯トシ血ト団結トヲ武器トシテ奮然起ツテ皇土三千年ノ伝統ヲ死守ス可キ」と述べ、運動への参加によって、「皇国護持ノ大任ヲ果セル先祖ノ偉業ニ思ヒヲ致シ私等亦先祖ニ恥ヂザル様」にすること、および「大国難突破ノ為愈々生産ノ増強ニ皇土防衛ニ全力ヲ傾注シテ醜敵撃滅以ツテ、大東亜戦完遂ノ大任ヲ果ス」ことを求めるものであった。ここでも「先祖ニ恥ヂザル」ことが強調されている。

具体的には「七月一日ヨリ八日」までの連日未明に「神社ニ於テ」「驕米殲滅暁天動員」、すなわち「驕慢《きょうまん》」なアメリカを「殲滅《せんめつ》」する誓いを新たにするため、明け方に全村民が集合することとし、その際「隊長訓示、宣誓、綱領唱和」を行なうことを指示している。

実際に隊員は「驕米殲滅義勇運動」にどれほど参加したのか、前記川辺村義勇隊長による「実施報告」には以下のように記されている。

七月八日午前四時各中隊毎ニ神社前ニ於テ実施ス

	下上条中隊	上日原中隊	神畑中隊	築地中隊	川辺町中隊	
出動人員数	男六五	男三五	男八一	男四九	男四一	
	女四九	女三三	女五五	女三四	女二八	
計	一一四	六八	一三六	八三	六九	合計四七〇

この「出動人員数」を、前記の同村国民義勇隊の隊員数五七〇名と比較するなら、八割近い四七〇名が「驕米殲滅義勇運動」に参加したことになる。「驕米殲滅」の戦意昂揚に向けた国民義勇隊の動員は、地域で活発に行なわれていた。

6 軍の労務と工事への動員――「本土上陸ノ敵撃滅ニ備フル」――

さらに、「国民義勇隊」に課された任務に「当面喫緊ノ防衛及生産ノ一体的飛躍強化」がある。実際の「喫緊ノ防衛」として、六月一二日、小県郡連合義勇隊長から各町村義勇隊長宛てに、「緊急軍工事協力草履献納ニ関スル件」が発令された。「本土上陸ノ敵撃滅ニ備フル為、県下各所ニ実施サレツツ有之候地下工事ニ協力」するというものであり、工事の労務に用いる「草履献納ヲ可為、之ガ割当ヲ小県郡一七二〇〇足」が課されている。

草履の手配について、翌一三日川辺村義勇隊長は「農蚕《のうさん》共ニ最盛期ニ於テ御多忙ノ折」としつつも、「至急御手配ノ上献納方特別御配意」を要請している。そして川辺村の各部落への割りあてを、下上条一二七足、上日原七六足、神畑一一九足、築地八四足、川辺町七二足、倉井二五足の計五〇三足とした。

草履の「集荷期日」は緊急を要するとし、六日後の「六月一九日午後四時」と指定し、「集荷終了セバ当日又ハ翌日トラックニテ工事場マデ運搬」することを指示した。「農蚕共ニ最盛期」であることを無視した「喫緊ノ」労務であった。

さらに、七月二六日、小県郡連合義勇隊に対し「東部軍管区工事協力出動ニ関スル件」が発せられ、大規模な出動要請が出されている。

「東部軍管区工事」は、近郊の仁古田《にこだ》地区に地下工場の建設を行なう突貫工事であった。当時、陸軍は空襲で壊滅した愛知の三菱重工業第五製作所（航空機工場）を移転させるべく、同地区に工場や地下壕などの建設を進めていた。軍は、この工事の機密保持を行なうため、「上田地下倉庫工事」と称し、略して「ウ工事」と呼んでいた。建設工事には、強制連行された朝鮮の民衆約四四〇〇人も動員され、五〇〜一〇〇メートルのトンネル二〇数本の掘削工事が八月一五日の敗戦の日まで続けられた。

川辺村国民義勇隊はその工事に動員され、七月二七日、小県郡連合義勇隊から川辺村義勇隊長宛てに「諒知《りようち》ノ上義勇隊員ヲ出動セシムベシ」とする、以下の「出動令書」が出されている。

出動員数　男子一日延五二名　女子一〇名
出動期間　昭和二〇年自八月一日　至八月一〇日　一〇日間
集合場所　浦里《うらさと》村仁古田愛宕神社前
服装　防空服装
携行品　用具　鎌、万年鍬《くわ》等半数持参、半数素手
食糧　弁当持参

ここには、真夏の一〇日間にわたり、工事道具や弁当等すべて自前による負担で、毎日六二名の村民が動員されたことが示されている。

二　広島県の国民義勇隊の編成と動員

1　軍関係機関と密に連絡

次に広島県の例を検討してみよう。五月七日、広島県内政部長および広島県警察部長から各市町村長宛てに、「国民義勇隊ノ組織運用ニ関スル件依命通牒《いめいつうちょう》」が発せられている。そこでは、「緊迫セル現下ノ事態ニ即応シ本土防衛態勢ノ完備ヲ目標」とし、「国民義勇隊ハ五月二十日迄ニ組織ヲ終ルコト」が命じられた。[*2]

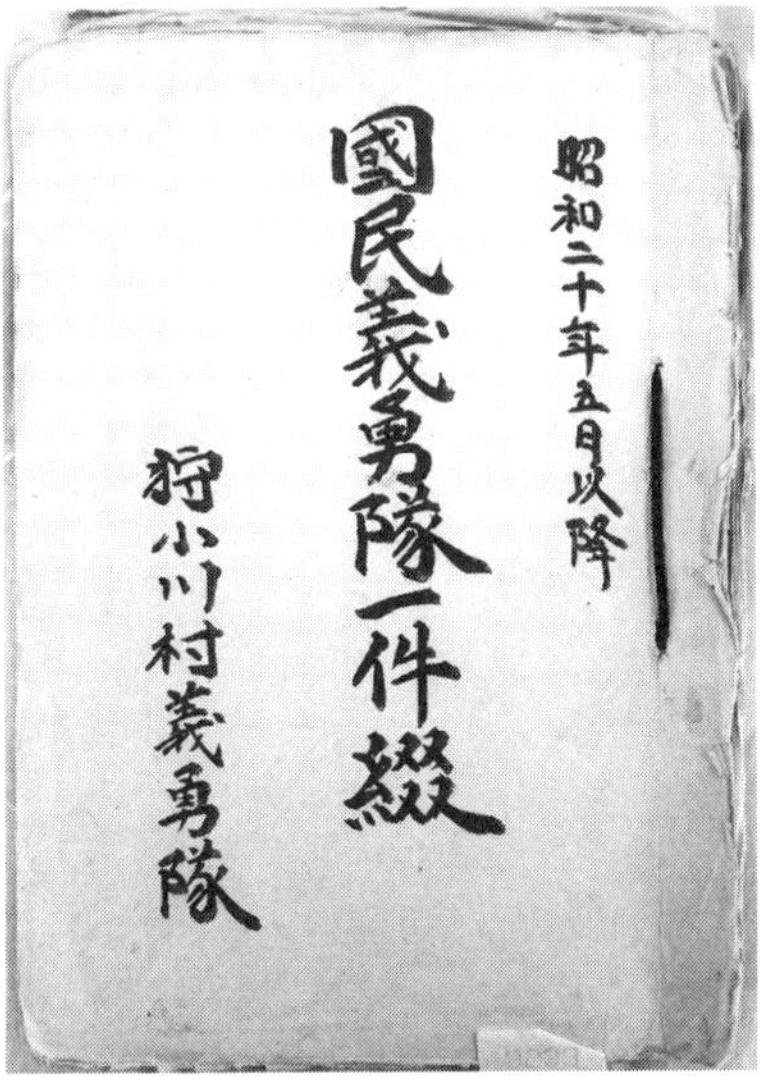

「国民義勇隊一件綴　狩小川村義勇隊」の表紙
（広島市公文書館所蔵）

その際、「戦闘隊転移ノ場合ヲモ考慮ニ容《い》レ之ガ組織ニ当リテハ軍関係機関ト密ニ連絡ヲ保ツコト」および「既存ノ各種団体ノ精鋭ナル指導分子ハ可及的広ク国民義勇隊ノ核心分子トシテ活用スル」ことが特に命じられている。軍との密接な連携および「各種団体ノ精鋭ナル指導分子」を取り込むことによって、戦闘隊への転移に備えた国民義勇隊の精鋭化の狙いが打ち出されている。

さらに、広島県から「全国民ヲ挙ゲテ

戦列ニ参加セシメ」ることと、「闘魂ヲ振起シ其ノ全力ヲ戦力ノ増強、皇土防衛ニ凝集」するという目的の下、「国民義勇隊組織運営要綱」が示達されている。その際、最初から国民義勇戦闘隊への転移が考慮されており、「戦闘隊転移ノ場合ヲモ考慮シ単ニ形式的機械的ニ流ルル事ナク年齢、地位、職業ノ如何《いかん》ヲ問ハズ真ニ其ノ隊ノ核心トシテ身ヲ以テ之ヲ率ヒ隊員又コノ指揮者ノ指揮ノ下欣然死地ニ就キ得ル人材ヲ起用」することを命じている。この年齢や地位等による形式的な人員の配置を否定し、かつ「死地ニ就キ得ル」態勢を求めていたことは、先の四月二七日の閣議決定「国民義勇隊ノ組織運営指導ニ関スル件」と同一のものである。

こうした指示の下、狩小川《かこがわ》村でも五月二五日「広島県狩小川村国民義勇隊隊則」が作成された。「部落会ヲ単位トスル小隊」と「隣組ヲ単位ニ分隊」を結成する組織構成に加え、さらに「小隊ヲ合シテ中隊更ニ大隊ニ編成スルコト」が定められている。

2 「綱領」と「誓」の配布——「宿敵撃滅の先駆たらむ」——

合わせて、以下の「広島県国民義勇隊綱領」と「広島県国民義勇隊誓」が配布されている。

広島県国民義勇隊綱領

吾等は戦列の一員なり　義勇奉公誓って皇国護持の礎石たらむ

吾等は戦列の一員なり　憤激挺身競って生産戦力の源泉たらむ

吾等は戦列の一員なり　必死敢闘奮つて宿敵撃滅の先駆たらむ

さらに、以下の「広島県国民義勇隊誓」も、各々復唱することが指示されている。

伏して闕下《けつか》に誓い奉る
国民義勇隊の赤子ここに存す
われら身命を積み積みて
皇国護持の巌根《いわね》ならん

仰いで天地神明に告ぐ
国民義勇隊の忠結ここに起てり
われら熱汗を捧げ捧げて
生産戦力を弥《い》や増し挙げん

期して一朝の大号令に備ふ
国民義勇隊の鍛えここに百錬たり
われら直ちに兵として

このように、天皇（闕下）と「皇国護持」のために、「身命を積み積みて」「熱汗を捧げ捧げて」等、「憤激」や「憤怒」「必死」を全員で反復唱和し、「直ちに兵として」「宿敵を本土に撃たん」ことの誓いを求めているのである。

3　軍事演習への動員と「個人兵器」――「直チニ戦闘隊ニ転移ノ準備ヲ」――

さらに、国民義勇戦闘隊への転移を見すえ、「中国三二〇四七部隊」から軍事演習への動員命令が発せられた。七月二六日午前五時三〇分発の狩小川村を含む可部町《かべちょう》に対する「可部国民義勇隊命令」である。演習として設定された戦闘状況は、以下のようなものであった。

敵ハ七月十日以来土佐及島根県隠岐《おき》島付近ニ機動部隊蠢動《しゅんどう》シ七月十三日早朝浜田港付近ニ艦砲射撃ヲ実施セリ　土佐沖並隠岐島上空ニ於テハ目下彼我ノ航空部隊連日激戦中ナリ
広島県国民義勇隊本部長ハ七月□日迄ニ義勇隊を編成シ直チニ戦闘隊ニ転移ノ準備ヲ令セラル
可部町国民義勇隊隊長ハ七月□日午前六時義勇隊ヲ編成シ直チニ戦闘隊ニ転移スルノ準備ヲ完了セントス

各中隊加計街道日本原麻《げんま》中原分工場付近ヲ先頭トシ別ニ示ス順序ニ依リ西面ノ途上縦隊ニ集合スベシ
目的　陸上輸送部隊ヲ中心トスル農村国民義勇隊編成ノ要領ヲ実施シ隊員ニ自覚ヲ与フルト共ニ有事ニ即応スル隊組織ヲ完整セントス

このように、敵の艦砲射撃と戦闘機の攻撃によって「連日激戦中ナリ」という状況が設定され、軍事作戦を補助する「陸上輸送部隊」として出動する任務が課されていた。

続く文では幹部たちに「軍刀、短刀、竹槍、手榴弾（仮装）」等の武器の所持が命じられている。また、隊員が携行・持参すべき「器材ト装備」として、「馬車、自転車、小車、メガホン、トビクチ、梯子、緊急薬、担架、副木《そえぎ》（骨折用）、平釜、バケツ、薪、シャベル、錐《きり》、鎌、スコップ」等が指定されている。

さらに、「（参考）個人兵器」という以下の文書が図解入りで配布され、各人で「各種鋭利ナル刃物ヲ利用制作」することが指示されていた。

（参考）個人兵器
構造及用途各種鋭利ナル刃物ヲ利用制作個人装備トナシ自衛戦闘及肉攻斬込、遊撃等ニ用フ
一　短刀、脇差、包丁、鎌、鉈《なた》、押切等ノ柄《え》ヲ取リ要図ノ如ク長柄ヲ取付ケル

二　長柄ハ樫木《かしき》等ヲ利用スルヲ可トス
三　取扱ハ槍及薙刀《なぎなた》ノ代用トシ使用ス
四　竹槍ハ尖部ニ食用油等ヲ塗リ火ニアブリ堅クスルヲ要ス
五　長柄ハ口金（鉄線ヲ巻ク）ヲ附スヲ要ス

ここで例示されているのは、「短刀、脇差」はともかく「包丁、鎌、鉈」等の、家で普段用いている道具の柄の部分を抜き、「長柄」の先に取り付け「武器」にするというものである。それらを「自衛戦闘」のみならず、「肉攻斬込、遊撃」にまで使用せよという指示であった。

4　労務提供の出動命令——草津南町国民義勇隊の全滅——

また、この間、狩小川村国民義勇隊に対し、次々と労務提供の出動命令が発令されていた。

六月二〇日、安佐《あさ》郡連合義勇隊長から狩小川村義勇隊長宛てに、「国民義勇隊出動方ノ件」が発せられた。「中部軍管区司令部ノ要請有之候条《そうろうじょう》左記ノ通リ貴町村ニ於テ一小隊ヲ臨時編成ノ上出動」せよというものである。

動員の内容は、六月二五日から七月七日迄の長期に及ぶ、大規模な横穴築造工事であった。「作業ニ要スル器具ハ軍ニ於テ準備ス　昼食弁当ハ各自持参ノコト」とされ、「出動場所及時刻」は、「安佐郡口田《くちた》村　矢口駅　毎日午前八時迄ニ集合シ午後四時迄晴雨ニカカワラズ作業ヲナス」

というものであった。

六月二七日にも、「中部軍管区司令部の要請」により、「国民義勇隊出動方ノ件」が発せられている。やはり大規模な横穴築造工事であり、一三歳から六四歳までの村民四四名が動員された。

さらに六月二九日に、村民二一〇名（延べ四二〇名）に七月一四日から一五日までの動員命令が下された。「緊急作戦工事ノ土砂運搬及地均」の労務である。携行器具として、「鶴嘴《つるはし》、ショベル、モッコ、雨具（箕《み》、笠等）、担棒」の持参が命じられた。

食糧は、「日数相当ノ主要食糧蔬菜《そさい》等副食物　但シ主要食糧ノ加配及燃料調味料等ハ地元ニ於テ準備」するものとされ、寝具は「毛布等軽易ナル寝具」を各自持参し、食事は「準備ハ地元ニ於テ之ヲ為スモ炊事ハ各隊毎ニ出動員中ヨリ要員ヲ定メテ之ヲ行フコト」とされている。

七月三〇日にも、安佐郡連合国民義勇隊長から「国民義勇隊出動命令書」が示達されている。「工事種類」は、翌八月一日から二日までの「緊急作戦工事ノ土砂運搬及地均」であった。各部落から、それぞれ一二名、二二名、三八名、三八名、二八名、一三名、二〇名、二一名、二二名、三〇名、一八名の計二六二名の動員命令が次々と出されている。

なお、同じ広島県下では、川内《かわうち》村国民義勇隊に広島市内の建物疎開への出動命令が出され、八月六日、原子爆弾により隊員二〇〇名が犠牲となった。玖波《くば》町、小方《おがた》村、大竹《おおたけ》町の義勇隊もそれぞれ一〇〇名、八〇名、一〇〇名が犠牲となった。また草津南《くさつみなみ》町国民義勇隊も同様に一五七名が動員され全滅している。*3

三　㊙文書に記された活動状況とその矛盾

以上、長野県川辺村と広島県狩小川村を中心に、国民義勇隊の組織とその活動の実態を見てきた。さらに国民義勇隊の全国的な動向については、内務省の部局である警保局保安課によって「㊙国民義勇隊ノ運用活動状況」が報告されている。[*4]

同報告は、昭和二〇年七月一七日に㊙文書として出されたものであり、国民義勇隊が直面する問題点や矛盾も指摘されている。以下に北海道、新潟県、茨城県、神奈川県、愛知県、三重県、大阪府、福岡県等の各地における結成と活動の実態を見てみよう。

報告では、国民義勇隊の「出労方面ニ於ケル活動」が、県別や市町村別に以下の五つに分けられ、「全土ヲ通シテ軍関係工事、食糧増産方面ニ主トシテ出動シオル状況」が具体的に記されている。

一「軍関係設営工事　陣地構築方面ノ活動」

二「食糧増産等農村方面ニ於ケル活動」

三「戦災跡地ノ整理、金属回収等都市其ノ他ニ於ケル活動」

四「軍事教練、講演会、講習会等ニ依ル啓蒙運動」

五「其ノ他稍《やや》特異ナル活動ト認メラルルモノ」

以下、主要なものを取り出してみよう。

1 軍関係の設営工事への出動

三重県

宇治山田《うじやまだ》市、志摩《しま》郡、南牟婁《みなみむろ》郡、津等ニ対スル陣地築構ニ対シ付近義勇隊員約五千名、六月十日ヨリ八月十四日迄出動中ナリ

大阪府

軍ノ要請ニ基キ本部長名ニテ職域義勇隊員中ヨリ実員約千五百名和歌山県下某陣地構築ニ出労中

新潟県

飛行場分散整備業務ニ対スル出動

北魚沼《きたうおぬま》郡小千谷《おぢや》町所在陸軍飛行場ニ対スル出動　動員期日　自六月一日至八月末日　動員予定人員　延二万一千名　実動員　七月四日現在一万一千名

其ノ他ニ於テモ同様ナル工事七ヶ所ニ対シ相当大規模ナル義勇隊員ノ動員ヲ実施中ニシテ、其ノ出労状況ハ県本部ニ於テ時局農繁期ニ際会シ、其ノ成否ニ関シ多少危惧ノ念ヲ以テ之

ヲ注視シオリタルモ、隊員ノ士気旺盛ニシテ各隊其割当人員ノ出動ハ百%ニシテ軍当局ノ計画セシ工程ヲ遥カニ突破セル状況ニシテ従来ノ勤労奉仕的感覚ヲ完全ニ払拭シ皇国護持郷土死守ノ熱意ニ燃ヘ自発的ニ所定以外ノ器具ヲ持参シ或ハ牛車樵夫《しょうふ》大工等ノ専業者ヲ工事ノ性質ニ応ジテ出動セシムル等工事ノ完成ニ積極的ニ協力シオル状況ナリ

以上のように、各地において「陣地構築」や「飛行場分散整備」等が課され、国民義勇隊が何千名、何万名という規模で出動していることが報告されている。その期間も「六月十日ヨリ八月十四日迄」や「自六月一日至八月末日」まで等、二カ月以上に及ぶ長期にわたる場合もあった。その際、義勇隊員の出動やその自覚について、「隊員ノ士気旺盛ニシテ各隊其割当人員ノ出勤ハ百%ニシテ軍当局ノ計画セシ工程ヲ遥カニ突破セル」や「自発的ニ所定以外ノ器具ヲ持参」「工事ノ完成ニ積極的ニ協力シオル」という報告がなされ、「士気旺盛」や「自発的」「積極的」が盛んに強調されている。

「百%」等の記述には、誇大な成果報告と思われるふしもないではない。さらに、「従来ノ勤労奉仕的感覚ヲ完全ニ払拭シ皇国護持郷土死守ノ熱意ニ燃エ」とも報告されている。かつての勤労奉仕隊や挺身隊と、「最終ノ国民組織」である国民義勇隊との違いを強調しようとする意図がうかがえる。

2　食糧増産活動への動員

愛知県
海部《あま》郡永和《えいわ》村義勇隊ニ在リテハ　(イ)調整米ノ払出　(ロ)道路並ニ橋梁ノ補修　(ハ)自給肥料ノ増産　(ニ)共同炊事ノ実施
同郡佐屋《さや》村義勇隊ニ在リテモ　(イ)疎開者、戦災者ニ対シ貸家貸間ノ全般的開放　(ロ)田畑ノ等級決定ニ依リ供出ノ完納　(ハ)農繁期終了後工場ニ出労等ヲ目標トシ、積極的ナル運動ヲ展開

これら「食糧増産等」への出動では、「現下ノ食糧事情ヨリシテ此方面ニ対スル国民義勇隊ノ活動モ又顕著」とされている。しかし、先の「軍関係設営工事」の報告で、「時局農繁期ニ際会シ、其ノ成否ニ関シ多少危惧ノ念ヲ以テ之ヲ注視」とされたように、軍関係工事の成果は懸念されても義勇隊への動員が引き起こす、地元での農業活動への支障については具体的には言及されていない。重要な矛盾はあえて看過されているといってよいだろう。

3　戦災跡地の整理や金属の回収

福岡県

六月十九日福岡市空襲ニ際シ直チニ本部ニ於テ同市周辺ノ粕屋《かすや》、早良《さわら》、築紫《ちくし》、糸島《いとしま》各郡連合義勇隊員ニ対シ、ラジオニ依リ之ガ出動方指令、罹災者ヘノ士気昂揚、救護復旧ニ迅速果敢ナル応急措置ヲ採リ一般ノ賞讃ヲ博シタルモノノ如シ

神奈川県

横浜市国民義勇隊ニ在リテモ七月十二日ヨリ十日間地区並ビニ職域義勇隊ヲ初出動セシメ市内ノ戦災跡地ノ　(イ)焼カレシ金属類屑物《くずもの》ノ整理　(ロ)水道漏水箇所ノ探査　(ハ)巾《はば》十米《メートル》以上ノ道路ノ障害物ノ除去等ノ作業ヲ実施中ナリ

当時、空襲は激化する一途をたどっていた。激甚なる被害の下で、「中小都市以上ノ都市方面ニ於テハ頻々《しくしく》タル空襲ニ依ル戦災跡地ノ整理疎開工事ニ対スル協力、金属回収等ニ出動シオリ」とされ、福岡市空襲や横浜市空襲における救護復旧や戦災跡地の整理に、近隣の地域からも国民義勇隊が動員されている。それら義勇隊の活動は、「一般ノ賞讃ヲ博シタルモノノ如シ」と報告されている。

4　実践的な戦闘訓練――「手榴弾投擲刺突訓練並ニ分隊教練ヲ実施セリ」――

軍事教練の項目に関し、まず以下のような「概況」が記されている。

「国民義勇隊ハ戦局ニ即応シ其儘《そのまま》ノ組織ニ於テ戦闘隊ニ転移スヘキナルモノヲ以テ同隊ニ対スル軍事教育モ軍方面ノ指導ニ依リ実施中ナルモノ又市町村隊等ニ於テ夜間ノ通常ノ生産労働ニ支障ナキ時間ヲ選ビテ自発的ニ実施中ナルモノモ相当数ニ上リツツアル現況ナルガ本訓練ニ関シテハ敵上陸ノ危機ヲ控ヘ一般国民モ相当ノ熱意ヲ以テ之ニ従事シオルモノノ如ク目下ノ処戦力増強等一般生産ヲ阻害スルト云フカ如キ批判モ少ナキモノノ如シ」

「国民義勇隊ノ本質ニ関シ一般隊員ハ勿論幹部ニ於テモ此カ正シキ認識ヲ把握セルモノ少ナキヲ以テ此等幹部並ニ一般隊員ニ対シテ義勇隊ノ性格ヲ解明シ従来ノ勤労奉仕的団体或ハ大政翼賛会式国民運動ナリトスル観念ヲ是正スル為其ノ編成ノ趣旨活動要領ヲ普及徹底セシメ旺盛ナル皇国護持ノ精神ヲ昂揚セシムルタメ幹部ニ対シ又ハ一般隊員ニ対シ啓蒙的ナル講習会、講演会ヲ開催スル府県モ相当アリ」

ここには、「国民義勇隊ノ本質ニ関シ一般隊員ハ勿論幹部ニ於テモ此カ正シキ認識ヲ把握セルモノ少ナキ」という重大な事実が指摘されている。盛り上がる熱意による自発的な結成どころではなく、国民義勇隊がいかに上から強制的かつ拙速に作られたのかを物語るものでもあろう。また、「従来ノ勤労奉仕的団体或ハ大政翼賛会式国民運動ナリトスル観念ヲ是正スル」として、それまでの官製的な国民運動と国民義勇隊との違いを強調する表現が用いられている。

上記に続いて各地の活動が報告され、最後に「総括」が述べられている。

北海道

管下美幌町《びほろちょう》義勇隊ニ於テハ駐屯軍ト協力幹部教育ト戦場精神ノ昂揚ヲ企図シ、六月十五日幹部三一名ニ対シ各個教練手榴弾投擲《とうてき》刺突《しとつ》訓練並ニ分隊教練ヲ実施セリ

函館《はこだて》市義勇隊ニ於テハ函館連隊区司令部ノ指導ノ下ニ隣組単位ニ竹槍訓練ヲ六月二十四日以降実施中ナリ

茨城県

東部軍管区司令部ニ於テ六月中郡連合国民義勇隊長並ニ副隊長ノ一部ヲ召集シ同司令部山崎少将水谷大佐等出張、義勇隊（戦闘隊）ノ編成配置運用ニ関シ教育ヲ実施セリ

福岡県

山間部連合義勇隊ニ於テハ六月十日ヨリ四日間夜間ニ於テ一般隊員ニ軍事訓練ヲ実施セリ

其ノ他ニ新潟県、三重県等大部ノ府県ニ於テ此種教育訓練ヲ実施シオル状況ナリ

以上のように、軍事訓練については、「軍方面ノ指導ニ依リ実施中……ナルモノモ相当数ニ上リツツアル現況」との報告がなされている。具体的には、幹部や一般隊員を召集し「各個教練手榴弾投擲刺突訓練並ニ分隊教練ヲ実施セリ」、あるいは「隣組単位ニ竹槍訓練ヲ六月二十四日以降実施中ナリ」、さらには「六月十日ヨリ四日間夜間ニ於テ一般隊員ニ軍事訓練ヲ実施セリ」というものである。

手榴弾投擲や刺突訓練そして分隊教練や竹槍訓練等、先述した国民抗戦と遊撃戦に備える実践的な戦闘訓練が実施されていたことが分かる。

また、「国民義勇隊ハ戦局ニ即応シ其儘ノ組織ニ於テ戦闘隊ニ転移スヘキナルモノ」として、義勇隊と戦闘隊が「其儘ノ組織ニ於テ」転移すべきとされている。

さらには、「目下ノ処戦力増強等一般生産ヲ阻害スルト云ウカ如キ批判モ少ナキモノノ如シ」とされているのが注目される。軍事訓練の強化が一般生産活動を阻害するという批判が広がりかねないことへの懸念があらわれているといえるだろう。

5 「全面的活動ニ乗リ出ス」体制

三重県

飯南《いいなん》郡射和《いざわ》村国民義勇隊長……ハ緊迫セル戦局ノ現状ヨリシテ食糧増産ハ刻下ノ急務ナルニ不拘《かかわらず》農民思想ハ戦時下ニ於ケル国民生活ノ重圧ト諸物資供出ニ対スル負担加重ヲ理由

トシ一般農耕ニ対スル熱意乏シク小作地返還等ニ出ヅルモノアリ　此儘ニ推移センカ到底初期ノ目的ヲ達シ得ズトナシ、農村生産体制ノ確立ノ要ヲ痛感シ、農民ヲ軍隊化スルト共ニ従来ノ共同作業ヨリ更ニ一歩ヲ進メ共同経営ニ移スベク指導訓練シ

ここには、食糧増産の実現のために「農民ヲ軍隊化」することや、「更ニ一歩ヲ進メ共同経営ニ移スベク指導訓練」を行なおうとする、義勇隊隊長の動きが記述されている。

以上に見てきたように、国民義勇隊の動員と活動の実態については、全国各地で様々な動向が存在したことが報告されている。しかし、「国民義勇隊ハ戦時緊急生産ノ増強ニ国民運動ノ展開ニ、将又《はたまた》戦闘態勢ノ基礎固メニ強力ナル運用実践ガ期待セラレテイル」としながらも、その一方で次のような重要な問題点や矛盾が報告されていることを見逃すことはできない。

「全体的ニ之ヲ概観スル時、尚本格的軌道ニ乗リタルモノト云ウヲ得ザル状況ナルモ、右ハ国民義勇隊ノ編成後日尚浅ク運用組織ニ忙殺サレ、全面的活動ニ乗リ出ス域ニ達シテオラザルモノト見ルベキデアル」

こうした、国民義勇隊の動員が「尚本格的軌道ニ乗」れず、また食糧増産を始めとする「戦時緊急生産ノ増強」も、さらには「戦闘態勢ノ基礎固メ」も不十分であるという矛盾を乗り越える

ために、「農民ヲ軍隊化」すること等も主張され、さらには軍事的組織としての国民義勇戦闘隊の編成の要求にもつながったといえよう。実際に、先述の北海道や福岡等の国民義勇隊において、すでに様々な軍事訓練が実施されていたことが報告されている。それらを含め、国民義勇隊が「全面的活動ニ乗リ出ス」体制が志向されていたのである。

＊1本節における長野県下の「国民義勇隊」関係資料は、上田市公文書館所蔵「小県郡川辺村大隊　義勇隊ニ関スル書類綴」および「依田村役場依田村義勇隊関係綴」の以下の各種文書に基づいている。「長野県義勇隊組織指導方針」「川辺村義勇隊隊長挨拶」「義勇隊編成行動班別人員概数表」「長野県国民義勇隊本部長宣誓及綱領制定ノ件」「小県郡連合義勇隊長宮澤才吉　敢テ義勇隊員ニ檄ス」「驕米殲滅義勇運動実施ニ関スル件」「川辺村国民義勇隊長実施報告」「小県郡連合義勇隊長緊急軍工事協力草履献納ニ関スル件」「東部軍管区工事協力出動ニ関スル件」

＊2本節における広島県下の「国民義勇隊」関係資料は、広島市公文書館所蔵「狩小川村国民義勇隊一件綴　昭和二〇年」「大林村（可部町）庶務一件　昭和二〇年」「狩小川村庶務一件綴　昭和二〇年」に綴じられた以下の各種文書に基づいている。「国民義勇隊ノ組織運用ニ関スル件依命通牒」「国民義勇隊組織運営要綱」「広島県国民義勇隊綱領」「広島県国民義勇隊誓」「広島県狩小川村国民義勇隊隊則」「可部国民義勇隊命令」「国民義勇隊出動方ノ件」「国民義勇隊出動命令書」

＊3小西ノブ子『地獄絵　草津南町国民義勇隊全滅の記録』田螺社、一九八二年。

＊4本節の記述は、国立公文書館所蔵「昭和二十年　国民義勇隊関係書類」に綴じられた「昭和二十年七月十七日　㊙国民義勇隊ノ運用活動状況　警保局保安課」に基づくものである。

第四章
老若男女に課せられた兵役

一　顧みられなかった沖縄戦での犠牲

一九四五年四月以降戦局は極度の悪化をたどり、沖縄戦は緊迫の度を深めていた。すでに四五年三月末からアメリカ軍の侵攻が開始され、四月に入り艦船一四〇〇隻、艦載機一七〇〇機、人員四五万余という大兵力が沖縄攻略に投入された。対する日本軍は一一万人、現地召集された兵や民間人三万人、さらには沖縄の全住民を巻き込んだ激戦が戦われていた。

この戦闘に関し、四月一日以来、大本営発表を基に新聞は「敵進撃各所に破砕　六千三百名を殺傷」「沖縄本島　南部陣前に大反撃　北部敵一個師と激闘　特攻隊更に十二艦船撃沈破」（四月一四日付「読売報知」）、「沖縄県民は想ふ　共栄圏のかなめ九十の老婆も断乎死守」（五月一四日付「読売報知」）、「沖縄決戦に総進撃せん」「神風隊反復猛襲」（五月一五日付「朝日新聞」）、「皇軍、主陣地を確保／特攻隊敵飛行場を爆砕」（五月二二日付「読売報知」）、「〃父の死〃　乙女嘆かず　沖縄の義勇隊・鮮血に築く魁け」（六月一四日付「読売報知」）、「敵必死の猛攻に　空地呼応激戦交ふ　七万三五〇〇殺傷」（六月一八日付「読売報知」）など、戦闘の状況を連日報道している。

しかし、日本軍はしだいに壊滅状態となり、六月二三日、沖縄本島に司令部を置く第三十二軍牛島満《うしじまみつる》司令官が自決し戦闘は終結するかに見えた。だが「最後迄敢闘し悠久の大義に生くべし」

との命令が出されたとされ、降伏ではなく、最後まで戦い続けることが求められた。住民を巻き込んだ戦闘は続き、惨禍は止めどなく広がっていった。こうして沖縄戦は日本軍の壊滅と数多くの住民の死で終わった。この戦闘での日本軍の戦死者は一八万八一三六人におよび、沖縄県民も一二万二〇〇〇人以上が犠牲となり、県民の四人に一人が亡くなったといわれている。

「義勇兵役法」が公布されたのは、沖縄戦で日本軍が組織的戦闘を終えたとされる前日の六月二二日である。このことは象徴的ではないだろうか。沖縄で実行された「国民総特攻」の壮絶な戦闘が、次は「皇土を護持する」ために本土で行なわれるということである。

実際に、この時期、「沖縄県民の戦いに学べ」「偲《しの》ばるる沖縄県民の勇姿」という主張が繰り返し報道され、それが国民義勇戦闘隊の決起と結びつけて論じられたのである。「沖縄県民の血闘に学べ　醜敵邀撃《ようげき》・一億特攻の魁け　わが腕、わが肉体で　父祖の地を死守」（「朝日新聞」六月一四日付）は、次のように述べる。

「一億国民物資すべてを捧げて本土決戦に臨み最終決戦の秋《とき》はまさに迫りつつある、わが戦力のすべてを破壊し、わが民族のすべてを殺戮せんと狙う鬼畜の敵は今や眼下に押寄せて来たのである。国土防衛と緊□生産の一体化を図って確立せられた国民義勇隊は、義勇兵役法によって一歩進んで□国民義勇戦闘隊に転移し得る態勢が確立された。国民の一人一人には『国民抗戦必携』が手渡され、悠久の皇土を戦場として悔なき勝利への決戦態勢は物心ともに着々進展しつつある。その魁として沖縄本島に皇軍とともに敵大軍を邀撃、決死敢闘をつづける同県住民たちのあることを我々は忘れてはならない」

一九四五年六月一四日付「朝日新聞」

また、「戦訓沖縄・我ら本土戦闘隊　起て国民義勇隊」（「朝日新聞」六月二六日付）はこう述べる。

「沖縄の激闘に見るも、国民義勇隊といわず銃後国民の戦闘への出発の基点はここにあると断言出来る。沖縄では将兵はもちろん、女も子供も必死敢闘力の限り戦い抜いているのだ、この現実の姿を前提に帝都義勇隊の指導にも当り、全隊員の覚醒を促したいと熱望する」

このように、膨大な数の沖縄県民が犠牲になったことは一顧だにされず、むしろそれが称揚され、本土決戦においても国民義勇戦闘隊として引き継がれるべきことが主張された。

二　三日間にわたる一連の重大会議

1　一大好機としての「本土決戦」

凄惨な沖縄戦が戦われていた最中に、日本の命運を左右する一連の重要な会議が開かれていた。六月六日の「最高戦争指導会議」であり、七日には枢密院議長および総理経験者によって構成される重臣会議が、同日午後には臨時閣議、そして八日には天皇臨席の下での御前会議が開かれたのである。[*1]

「最高戦争指導会議」とは、それまでの大本営政府連絡会議を改組したものであり、政府と軍の連絡調整を行ない、戦争指導の根本方針の策定を行なうことを目的としていた。出席者は、内閣総理大臣、外務大臣、陸軍大臣、海軍大臣、参謀総長、軍令部総長であり、必要に応じ参謀次長・軍令部次長、そして内閣書記官長や総合計画局長官等の関係官僚も加わった。

さらに、天皇が臨席する「最高戦争指導会議」は御前会議と呼ばれた。これら三日間にわたる一連の会議において、今後の戦争遂行に関し、「帝国国力ノ現状」「世界情勢判断」「今後採ルベキ戦争指導ノ基本大綱」等の議題が討議された。

①「開戦以来最大ノ危機」

まず「帝国国力ノ現状」では、直面する深刻な状況が総合計画局長官によって報告されている。例えば、「航空揮発油《きはつゆ》」について、外地からの供給がない限り「海軍ハ八月迄、陸軍ハ九月迄」の備蓄しかないこと、あるいは、「戦局ノ急迫ニ伴ヒ陸海交通並ニ重要生産ハ益々阻害セラレ」、その結果「食糧ノ逼迫《ひっぱく》ハ深刻ヲ加ヘ近代的戦力ノ綜合発揮ハ極メテ至難トナル」という状況にまで達しているというものである。加えて「民心ノ動向亦深ク注意ヲ要スルモノアリ」とし、「軍部及政府ニ対スル批判逐次盛《さかん》トナリ」と報告されている。

この「食糧ノ逼迫」に関しては、さらに、きわめて深刻な事態が報告されている。

「食糧ノ逼迫ハ漸次《ぜんじ》深刻ヲ加ヘ本端境期《はざかいき》ハ開戦以来最大ノ危機ニシテ大陸糧穀及食糧塩ノ計画輸入ヲ確保シ得ルトモ今後ノ国民食生活ハ強度ニ規制セラレタル基準ノ糧穀ト生理的必要最少限度ノ塩分ヲ漸ク摂取シ得ル程度トナルヲ覚悟セザルベカラズ　更ニ海外輸移入ノ妨害、国内輸送ノ分断、天候及敵襲等ニ伴フ生産減少等ノ条件ヲ考慮ニ入ルルトキハ局地的ニ飢餓状態ヲ現出スルノ虞《おそれ》アリ治安上モ楽観ヲ許サズ　尚来年度ノ食糧事情ガ本年度ニ比シ更ニ深刻化スベキハ想察ニ難カラズ*2」

このように食糧の確保に関し「開戦以来最大ノ危機」とされ、「生理的必要最少限度ノ塩分ヲ漸ク摂取シ得ル程度」という状況に陥っていたのである。まさに、「局地的ニ飢餓状態ヲ現出」するに至り、「近代的戦力ノ綜合発揮ハ極メテ至難」という事態が出現していた。それは、戦争継続がほぼ不可能であり絶望的であることをあらわすものであった。

また、この時点で沖縄での激戦はすでに二カ月を超え、その状況について参謀次長が報告を行なっている。

「沖縄本島ノ作戦ハ皇軍ノ陸海空ニ亙《わた》ル決死敢闘ニヨリ敵上陸開始以来二箇月有余ノ間極メテ優勢ノ敵ニ対シ稀ニ見ル大ナル数的戦果ヲ収メツツ今日ニ至リマシタガ陸上ノ戦況ハ昨今相当ノ苦境ニ立至リマシタ」「直接皇国本土ヘノ敵ノ進攻ヲ予期スベキ情勢ヲ示スニ至リマシタ」[*3]

以上のように、「優勢ノ敵ニ対シ稀ニ見ル大ナル数的戦果ヲ収メ」ながらも、「戦況ハ昨今相当ノ苦境ニ立至」ったとしている。さらには「直接皇国本土ヘノ敵ノ進攻ヲ予期スベキ」であるとし、「本土決戦」を必至とする状況が報告されている。

こうした危機の認識は、「世界情勢判断」においても同様であった。御前会議における内閣書記官長の報告において、「今ヤ戦局ハ帝国ニ取リ極メテ急迫シ……帝国ハ真ニ存亡ノ岐路ニ立チ居ル」とされる状況が述べられていた。

②「忠誠燃ユル全国民ノ協力」

しかしながら、こうした「存亡ノ岐路」という最大の危機的局面を認識しながらも、「決号作戦見透」の報告では、今後の本土上陸をめぐる攻防により、以下のような大なる戦果をあげられるという見通しを提示したのである。

イ　七月頃南九州ニ来攻ノ場合ハ輸送船約一九〇隻撃沈（内訳、航空攻撃ニ依リ約一〇〇隻、水上水中特攻攻撃ニ依リ約九〇隻）

ロ　九月頃関東地区に来攻の場合は輸送船約四七〇隻撃沈（内訳、航空ニ依リ約二〇〇隻）来攻予想約二、〇〇〇隻（三〇乃至四〇箇師団）ノ約四分ノ一ヲ撃沈[*4]

また、軍令部総長は、「敵若シ六、七月頃ニ進攻シ来ル場合ハ其ノ二分ノ一ハ水際前ニ於テ撃滅シ得」ると言明し、さらに沖縄戦でのアメリカ軍機動部隊に対する戦果を「相当ノ打撃ヲ与へ空母ノ二分ノ一ヲ撃沈セリ従テ再整備ヲ了《おわ》ル迄ハ飛躍的ノ進攻ハ困難デハナイカト思フ」と述べ、きわめて楽観的な判断を示している。

また、参謀次長は「本土決戦必成ノ根基」として以下のように述べた。

「本土ニ於ケル作戦ハ従来各方面ニ於ケル孤島等ノ作戦ト其ノ本質ニ於テ趣ヲ異ニシ今後愈々

長遠トナル海路ニ背後連絡線ヲ保持シテ来攻スル敵ニ対シ其ノ上陸点方面ニ我ガ主力軍ヲ機動集中シ大ナル縦長兵力ヲ以テ連続不断ノ攻勢ヲ強行シ得マスルト共ニ所謂地ノ利ヲ得且《かつ》忠誠燃ユル全国民ノ協力ヲモ期待シ得ル次第デアリマシテ此等ニ本土決戦必成ノ根基ヲ見出シ得ルト信ジマス」[*5]

ここでは、「本土決戦」であるが故の特別の有利な条件があるとし、「忠誠燃ユル全国民ノ協力ヲモ期待シ得ル」こと、「我ガ主力軍ヲ機動集中シ」「連続不断ノ攻勢ヲ強行」することが可能であり、これにより戦争に勝ち抜く必須の要件（「本土決戦必成ノ根基」）が整えられているとしている。まさに軍首脳にとっては、「本土決戦」こそが勝利への一大好機と認識されていたのである。

しかしながら、当時すでにアメリカ軍の日本各地への徹底的な空爆と地上攻撃により、物資や人員の輸送・補給を行なう鉄道網や港湾施設は甚大な損害を受けており、国内での大量兵力の緊急かつ迅速な機動的運用など行なえる状況ではなかった。それもあってか、結局は次のような「全軍ヲ挙ゲテ刺違《さしちがえ》ノ戦法」が提起されるのである。「刺違」とは、死をも顧みず互いに刺し合うことを指す。

「洋上、水際、陸上到ルトコロニ全軍ヲ挙ゲテ刺違ノ戦法ヲ以テ臨ミ敵ヲ大海ニ排擠《はいせい》殲滅セズンバ断ジテ攻勢ヲ中止セザルノ鞏固《きょうこ》ナル信念的統帥ニ徹シ」

一方で、同じ御前会議において参謀次長が、本土にアメリカ軍来攻の場合、「来攻予想輸送船約一、〇〇〇隻（二〇箇師団）ノ約八割ヲシテ上陸ヲ許ス」ことになると予想している。はたして、「八割」も上陸する状況で、何故勝利できるというのか。それは、「忠誠燃ユル全国民ノ協力」と「一億総特攻」、さらには「刺違ノ戦法ヲ以テ」戦える大兵力の動員が可能であるとされたからであった。そのためにも、老若男女の国民による国民義勇戦闘隊の結成が、必至の課題として展望されたのである。

また、特攻作戦の成果もあがっていると、次のように述べている。

「皇国独特ノ空中及水上特攻攻撃ハ『レイテ』作戦以来敵ニ痛烈ナル打撃ヲ与ヘテ来タノデアリマスガ累次ノ経験ト研究ヲ重ネマシタ諸点モアリ今後ノ作戦ニ於キマシテ益々其ノ成果ヲ期待致シテ居ル次第デアリマス*6」

③「飽ク迄戦争ヲ完遂」

こうして、様々な深刻な状況が提示されながらも、結局は、天皇臨席の下で、「飽ク迄戦争ヲ完遂」するという、以下の「今後採ルベキ戦争指導ノ基本大綱」（六月八日）が決定されるに至った。そこに示された「方針」と「要領」は以下のようなものであった。

方針
七生尽忠《しちしょうじんちゅう》ノ信念ヲ源力トシ地ノ利人ノ和ヲ以テ飽ク迄戦争ヲ完遂シ以テ国体ヲ護持シ皇土ヲ保衛シ征戦《せいせん》目的ノ達成ヲ期ス

要領
一　速カニ皇土戦場態勢ヲ強化シ皇軍ノ主戦力ヲ之ニ集中ス爾他《その》ノ彊域《きょういき》ニ於ケル戦力ノ配置ハ我ガ実力ヲ勘案シ主敵米ニ対スル戦争ノ遂行ヲ主眼トシ兼ネテ北辺ノ情勢急変ヲ考慮スルモノトス
二　世界情勢変転ノ機微ニ投ジ対外諸施策特ニ対「ソ」対支施策ノ活発強力ナル実行ヲ期シ以テ戦争遂行ヲ有利ナラシム
三　国内ニ於テハ挙国一致皇土決戦ニ即応シ得ル如ク国民戦争ノ本質ニ徹スル諸般ノ態勢ヲ整備ス、就中《なかんずく》国民義勇隊ノ組織ヲ中軸トシ益々全国民ノ団結ヲ鞏化《きょうか》シ愈々戦意ヲ昂揚シ物的国力ノ充実特ニ食糧ノ確保並特定兵器ノ生産ニ国家施策ノ重点ヲ指向ス
四　本大綱ニ基ク実行方策ハ夫々担任ニ応ジ具体的ニ企画シ速急ニ之ガ実現ヲ期ス[*7]

上記の中で、特に注目すべきは、「国民戦争ノ本質ニ徹スル」「就中国民義勇隊ノ組織ヲ中軸トシ」という文言である。すなわち、国民義勇隊を名指し、その役割の重要性を明記した。ただし、続いて記される「補言」において、「本土決戦即応訓練ノ向上、後方諸施策等未ダ意ニ満タヌ点モ少ナカラズ」という状況であるとし、「逐次必捷《ひっしょう》態勢ノ完整」を期すことによって、「必ズ捷利《しょうり》ヲ獲ルモノト確信致シテ居ル」と言明した。

ここに、「皇土戦場態勢」を担う国民戦闘組織の早急な構築が、「本土決戦」のさらなる焦眉《しょうび》の課題として打ち出された。

以上のように、「近代的戦力ノ綜合発揮ハ極メテ至難」とされたにもかかわらず、「国体ヲ護持」することを至上の課題とし、「飽ク迄戦争ヲ完遂」することが決定された。

2　講和への思惑——「今日の段階に於ては殆んど不可能」——

しかし、その一方で、敗戦は必至であり、講和の方針を押し進めるべきとする思惑も存在したことを見ておかなければならない。

例えば、内大臣木戸幸一《きどこういち》は、当時の日記の中で、「御前会議議案参考として添附の我国国力の研究を見るに、あらゆる面より見て、本年下半期以後に於ては戦争遂行の能力を事実上殆ど喪失するを思はしむ」と書き、文字どおりの「戦争遂行能力の喪失」を感じとっていた。

また、「今日敵の空軍力より見て、全国の都市と云はず村落に至る迄、虱潰《しらみつぶ》しに焼払ふことは些《さ》したる難事にあらず」とし、このままでは全国が焼け野原となり国土が灰燼《かいじん》に帰してしまうことも予見している。[*8]

冷静な眼があれば、もはや戦争に勝利の可能性がないと見抜くことは難しくはなかった。これ以上の国民の犠牲を無くすためにも、国家指導者としての責任と大局的見地に立ち、戦争終結を目ざす方向を具体化しなければならなかった。

しかしながら、木戸が記したのは、「軍部より和平を提唱し、政府之によりて策案を決定し交渉を開始するを正道なりと信ずるも、今日の段階に於ては殆んど不可能」[*9]という、状況に流されるだけの、他者頼みの無為の策でしかなかった。

それに対し軍は、講和への希望が一部にあることを察知しており、御前会議に臨む陸軍参謀たちは、それを断固封殺する行動に出た。

すなわち、「重臣、海軍部内ニハ相当和平思想滲潤《しんじゅん》シアリトノ模様ナリ陸軍部内ト雖《いえど》モ口ニ云ハズ又口ニハ敢テ和平ヲ云ハズモ内心前途ノ光明ヲ失ヒアルモノアルベキハ推測ニ難カラズ」と状況を把握し、「若シ仮ニモ政府当局諸公ノ口ヨリ『和平』案（予ハ今日ニ於ケル和平ハ即チ無条件降伏ヲ意味スルモノト信ズ）ヲ聞クコトアラバ、直ニ参謀本部将校全員ノ名ニ於テ政府ニ対スル不信ヲ標榜シ退席ノ許ヲ得ントノ覚悟ヲ以テ臨ミタル」[*10]と。

こうして、国民と国土の犠牲を阻止する最後の機会を目前にしながら、さらなる最悪の選択に踏み込んでいった。もはや取り返すべくもない戦況の下でありながら、「七生尽忠ノ信念ヲ源力ト」するという空虚な精神論を押しだし、「国体護持」と「飽ク迄戦争ヲ完遂」する道を選んだのである。まさに、「七生尽忠」という、七回死んでも生きかえってこの戦争を遂行し、天皇が体現する「国体」を護るために忠義を尽くすべきことを国民に強いたのである。

その最も象徴的な動きの一つが、国民総武装を実現する国民義勇戦闘隊の組織化の本格的な展開であった。

三　すべての国民を天皇親率の軍隊に

上記の「今後採ルヘキ戦争指導ノ基本大綱」が発せられた御前会議から二週間後の六月二二日、国民義勇戦闘隊を法的に根拠づけ、男子一五歳から六〇歳まで、女子一七歳から四〇歳までの老若男女に根こそぎ「兵役」の義務を課す、日本史上未曽有の「義勇兵役法」が天皇により裁可され、翌二三日に公布された。さらに、「国民義勇戦闘隊員ニ関スル陸軍刑法、海軍刑法、陸軍軍法会議法及海軍軍法会議法ノ適用ニ関スル法律」（六月二二日）や「国民義勇戦闘隊統率令」（六月二三日）、「国民義勇戦闘隊ノ礼式、懲罰、服装ニ関スル説明」（六月二五日）等が続々と制定されていった。

これ以前の、前記四月一三日の閣議決定「状勢急迫セル場合ニ応ズル国民戦闘組織ニ関スル件」は、「戦闘隊（仮称）」の創設に関し、「新タナル兵役義務ニ依リ『兵』トシテ動員シ統帥権下ニ服役セシメ得ル如ク必要ナル法的措置ヲ講ズ」と宣言していたが、それが実現したのである。むろん、「統帥権下ニ服役セシメ」る「天皇親率ノ皇軍」（「国民義勇戦闘隊教令」）とすることが求められた。こうして、国民義勇戦闘隊を正規の軍隊とする法整備が強力に押し進められたのである。六月八日には臨時帝国議会が召集され、「本土決戦」に即応する諸法案が審議された。二三日の「義勇兵役法」の公布に加え、同二三日「義勇兵役法施行令」（勅令第三八五号）及び七月五日に「義勇兵役法施行規則」が公布されている。

ここに公布された「義勇兵役法」は、当時の新聞各紙でも以下のように大々的に報道されるに至った。

「畏《かしこ》き上諭《じょうゆ》を拝して　義勇兵役法実施　一億戦闘配置の大号令

沖縄戦局の重大段階突入と敵機の相次ぐ中小都市爆撃の強化、本土封鎖を企図する機雷投下による敵航空攻勢の前進激化とは本土決戦の時期正に緊迫せるを思わしめるものがある、さきに第八十七臨時議会を通過した義勇兵役法は義勇兵役法施行令とともに二十二日御裁可を仰ぎ即日公布実施され、同時に義勇兵役法施行規則、国民義勇戦闘隊統率令も公布実施され、ここに本土決戦を迎える一億戦闘配置の措置は全く成るに至った」

「国土血戦における強靱無限の戦力の源泉が戦う国民の強力機妙な統率運用にあることは近代

畏き上諭を拝して
義勇兵役法實施
一億戦闘配置の大號令
服役の範圍、期間

一九四五年六月二四日付「朝日新聞」

総力戦の実相から明かなところで既に沖縄の戦訓がこれを教えている。義勇兵役法施行令ならびに義勇兵役法施行規則は（一）義勇兵役の適用を受けるものの範囲、（二）服役召集の期間および手続き、（三）兵役免除又は猶予等の手続規定を定めたもので、国民義勇戦闘隊統率令は国民義勇戦闘隊の編成、指揮系統を定めたものである」（「朝日新聞」一九四五年六月二四日付）

ここで示された「畏キ上諭」の内容とは、天皇の「朕《ちん》ハ曠古《こうこ》ノ難局ニ際会シ忠良ナル臣民ガ勇奮挺身皇土ヲ防衛シテ国威ヲ発揚セムトスルヲ嘉《よみ》シ」というものであり、「忠良ナル臣民」（国民）に「勇奮挺身皇土ヲ防衛」することを求めるものであった。

これを受け、二三日夜、阿南惟幾陸相が国民向けにラジオ放送を行なっている。「上諭を拝し奉りて」と題し、「一億国民一丸となり軍に直結の戦闘任務を完遂せんことを要望するとともに、本土決戦に臨む帝国陸軍の力強き責務、自覚と堅き決意を表明した」と報道されている。

加えて、国民義勇戦闘隊の創設に直接言及し、「国民義勇戦闘隊創設の精神は上諭に御示しの通りであり、盛り上る国民の力により已《すで》に結成せられある国民義勇隊の大部を天皇親率の軍隊と為し総ての国民が其の地域又は戦域において作戦に直結し得る如く大元帥《だいげんすい》陛下の股肱《ここう》たる軍人となり皇国護持、国威宣揚の大任を担う栄誉と責務とを与えられた所に重大意義が存するのである」(「朝日新聞」一九四五年六月二四日付)と言明している。

四　「義勇兵役法」が定めたもの

1　義勇召集と対象者

こうして、国民義勇戦闘隊は、「義勇兵役法」とその関連法を根拠として正式に結成され、義勇戦闘隊員は「義勇兵」の名称で召集されることになった。すなわち、同法第五条で、義勇兵は勅令により「兵役」として召集され、「国民義勇戦闘隊」に編入されること、これを「義勇召集」と称すると定めている。

対象となるのは、第二条で一五歳から六〇歳の男子、一七歳から四〇歳の女子と定められ、さらに第三条により、上記以外の年齢でも義勇兵役を志願する者は採用するとしている。

年齢に当てはまる国民は、すべて義勇兵役該当者として「義勇召集担任者」に届出ることが義務づけられた。「義勇兵役法施行規則」が、その手続等を具体的に定めている。

まず「義勇召集担任者」とは、主に所管内の義勇戦闘隊となるべき者を確定し、実際に義勇召集の事務を行なう者であり（第一〇条）、通常この「担任者」は各国民義勇隊の隊長が担うこととされた。

そして、年齢に該当する男女の国民は、その「氏名及生年月日ヲ其ノ所属ノ国民義勇隊員ノ義勇召集ヲ担任スベキ義勇召集担任者（所属ノ国民義勇隊ナキトキハ居住地所管ノ市町村長）ニ届出ヅベシ」とされ、さらに「義勇召集権任者前項ノ届出アリタルトキハ義勇兵連名簿ニ必要ナル事項ヲ記載シ署名捺印セシムベシ」として、「義勇兵連名簿」を作成することが義務づけられた（第一四条）。

「義勇兵連名簿」に掲載された国民は、後述する疾病や妊婦の者を除き、「義勇召集待命者」とされる（第一五条）。

こうして「待命者」に対し、「義勇召集」が行なわれ、国民義勇戦闘隊が編成されることになるが、この召集について、「義勇兵役法施行令」第七条は、「義勇召集ハ本人ノ在留地（居留地）所管ノ連隊区司令官又ハ陸軍兵事部長之ヲ掌《つかさど》ル」とした。さらに第一〇条は、「義勇召集ハ国民義勇戦闘隊編成下令ヲ以テ之ヲ実施シ義勇召集ノ解除ハ国民義勇戦闘隊編成解除ヲ以テ之ヲ実施ス但シ必要アルトキハ之ニ依ラザルコトヲ得」と定めている。

ここで、義勇戦闘隊の「召集」が「編成下令」と同時とされていることが注目される。すなわち、「編成下令」と同時に「召集」可能となるためには、国民義勇隊の段階で戦闘隊への準備が完了されていることが前提とされたのである。まさに、国民義勇戦闘隊は、当初から国民義勇隊の中で「戦闘隊組織」となるよう準備されるべきとされたのである。

2 「根こそぎ動員」の強制と拘束、処罰

ところで、以上の「義勇兵役」に関しては、その召集を逃れようとする国民に対し、それを阻止する周到かつ様々な処罰や拘束が定められていたことに注目しよう。それは、文字どおりの「根こそぎ動員」を実現する方策として存在した。

いうまでもなく、動員とは、かけ声をかければそれで実現するというわけではない。そこには、法による厳格な強制と拘束があらかじめ設定されていた。

まず「義勇兵役法」は、「義勇召集ヲ免ルル為逃亡シ若《もしく》ハ潜匿《せんとく》シ又ハ身体ヲ毀傷《きしょう》シ若ハ疾病ヲ作為シ其ノ他詐欺ノ行為ヲ為シタル者ハ二年以下ノ懲役ニ処ス」（第七条）と定めている。

ここに示された逃亡や潜伏、故意による身体の毀傷や詐病《さびょう》、さらには詐欺的な兵役逃れ等は、国民によるこうした行為が存在し、あるいは予測されるために規定されたものである。同条は、さらに「故ナク義勇召集ノ期限ニ後レタル者ハ一年以下ノ禁錮ニ処ス」と定め、故意に召集を遅滞することも厳重な処罰の対象としていた。

この遅滞に関しては、先述した「義勇召集担任者」への氏名や生年月日の届出についても、

「三十日以内」に届出なかった者に対し、「五十円以下ノ罰金又ハ拘留若ハ科料ニ処ス」と定めている（「義勇兵役法施行規則」第二八条）。結局、対象年齢でこの「義勇兵役」を免除される国民は、以下に該当する者のみであった。

一　疾病其ノ他身体又ハ精神ノ異常ニ因リ義勇召集ニ応ジ難キ者及其ノ看護又ハ付添ノ為必要ト認ムル者
二　官公署、学校、工場、事業場等ノ職員等ニシテ軍管区司令官ノ定ムル所ニ依リ連隊区司令官必要ト認ムル者
三　法令ニヨリ拘禁中ノ者
四　学齢以下ノ幼児ノ母親ニシテ必要ト認ムル者
五　妊婦、産婦及其ノ看護又ハ付添ノ為必要ト認ムル者

（「義勇兵役法施行規則」第二二条）

以上を見れば、いかにこの兵役が文字どおりの「根こそぎ」の動員であったのかが明らかとなる。このこととの関連では、義勇召集された後の義勇戦闘隊員に対しても、「国民義勇戦闘隊員ニ関スル陸軍刑法、海軍刑法、陸軍軍法会議法及海軍軍法会議法ノ適用ニ関スル法律」や「国民義勇戦闘隊ノ礼式、懲罰、服装ニ関スル説明」等、その行動に関し様々な強制や処罰がかけられ

ていた。そのことは次章で述べることとしよう。

五　求められた「正規軍」としての軍律

1「敵前逃亡は死刑」

「義勇兵役法」公布の翌二三日に、陸軍省次官から陸密第四二〇九号「国民義勇隊等ノ国民義勇戦闘隊ヘノ転移準備要領ニ関スル件通牒」が各軍管区参謀長宛てに出されている。そこでは、「戦闘隊ヘノ転移準備ハ其ノ所管区分ニ従ヒ軍管区司令官及之ト同等以上ノ権アル其ノ他ノ長官、地方総監又ハ其ノ他ノ長官ト密ニ連絡シ国民義勇隊ノ組織ヲ利導シテ之ガ実施ヲ為ス」とし、軍との密接な連関の下に戦闘隊へと「利導」することを求めている。加えて、「此ノ際特ニ青少年学徒ノ活用ニ留意スルモノトス」と指示している。「青少年学徒」を国民義勇戦闘隊の中核的戦力の一つとして、その「活用ニ留意」すべきことを求めたのである。学徒隊の「活用」を強調したものといえよう。

さらに、「戦闘隊ノ発動ヲ準備スベキ目標トシテ指定スル時期」について、九州と四国を「七月末」、それ以外の地域においては「概ネ本年十月頃ニハ完全ナル戦闘隊トシテ活用シ得ル如ク育成指導ス」としている。すなわち、国民義勇隊編成の段階から、あらかじめ戦闘員にするために育成指導することを命じているのである。

こうして、国民義勇隊は国民義勇戦闘隊の「育成指導」を普段から行なうことを義務づけられた。

さらに重要なことは、この国民義勇戦闘隊の本質を明瞭に示す文書として、昭和二〇年六月二四日に陸海軍により「国民義勇戦闘隊教令」が発令（「陸海達第一号」）されたことである。「教令」とは軍隊内部の教育・訓練における根本方針を明らかにしたものであり、「令」という名称が示すように、これは命令であり、絶対厳守が求められた。陸海軍が国民義勇戦闘隊に実際に何を求めたのかを、最も明らかにし得る文書といえよう。

「教令」は、まずは「綱領」を掲げ、綱領一では「皇国壙古《こうこ》ノ難局ニ臨ミ国民挙《こぞ》リテ天皇親率ノ皇軍トナル是国民義勇戦闘隊ノ本姿ナリ」とし、義勇戦闘隊が「天皇親率ノ皇軍」であることを宣言している。

綱領二では「天皇在シマシ神霊鎮リ給フ此ノ皇土ヲ自ラノ郷土自ラノ職域ニ於テ其ノ身命ヲ捧ケテ守護ス是国民義勇戦闘隊ノ使命ナリ宜シク郷党、職域相結ヒ百難ヲ突破シ誓ツテ皇土侵襲ノ敵ヲ撃滅スヘシ」とし、「身命ヲ捧ケ」「皇土侵襲ノ敵ヲ撃滅」することを命じていた。

それらは、前述した「決戦訓」と同内容の文章であり、最終の決戦である「本土決戦」において義勇戦闘隊がはたすべき任務が定義されている。

この「教令」について、新聞は全文を掲載した上で、次のように報じている。

「畏くも上諭を拝して義勇兵役法が公布され、結成された国民義勇隊の大部分をその地域またはその職域において□にこれを召集して天皇親率の軍隊となし、国民義勇戦闘隊を結成し得ることとなったがこれに関連して、陸海軍では国民義勇戦闘隊教令を作成、二十四日これを発表した。今や沖縄の戦況は陸海軍将兵の阿修羅の勇戦敢闘にも拘《かかわ》らず趨勢我に利あらず戦勢の赴く処《ところ》本土決戦は必至というべき情勢に立ち到った。今や皇国未曽有の難局に際し、眉尻を決して本土に醜敵を邀《むか》え討たんとする国民義勇戦闘隊に与えられた教令の精神はまた自らかつてみざる壮烈なものである」(「朝日新聞」一九四五年六月二五日付)

このように、「陸海軍将兵の阿修羅の勇戦敢闘にも拘らず」「本土決戦は必至」となったとの情勢認識に基づき、「教令の精神」は「かつてみざる壮烈なものである」とされている。いったい、何が「壮烈」なものであったのか。

まずは、戦闘隊員が備えるべき「闘魂」や「気魄《きはく》」について、綱領四で「国民義勇戦闘隊員ハ神勅ヲ畏ミ勅諭、勅語ヲ奉体シテ軍人精神ヲ養ヒ軍紀ニ服シ燃ユルカ如キ闘魂ヲ培ヒテ国難ヲ突破スルノ気魄ヲ振起スヘシ」と定めている。この点について、「教令」が正式に確定する四日前に、「教令(案)」(京都地区司令部複製「国民義勇戦闘隊教令(案)」昭和二〇年六月二〇日)が策定されており、比較すると、成文においては第一七条と第一八条が付け加えられている。その内容こそは、この「教令」が目ざすものを端的に物語るものである。

すなわち、第一七条では「万一敵手ニ陥リタル場合ニ於テハ皇軍ノ一員トシテ生キテ虜囚《りよしゆう》ノ辱《はずかしめ》ヲ受ケス死シテ罪禍ノ汚名ヲ残スコトナキ態度ヲ持スヘシ」と定めている。

まさに捕虜になることを許さず自決すべしという命令であった。一九四一年に東条英機陸軍相が示達した「戦陣訓」の規定と全く同様であり、国民義勇戦闘隊には「正規軍」としての軍律が求められていたことになる。当時、新聞で報道された「義勇戦闘隊問答」で「敵前逃亡は死刑戦死者は靖国神社合祀」と記されているのは、そのことを広く知らせようとしたものであった（「中部日本新聞」一九四五年八月五日付）。

さらに第一八条では、「戦闘隊員ハ戦闘如何ニ熾烈トナルモ命ナクシテ任務遂行ノ職場離ルルコトアルヘカラス縦《たと》ヒ其ノ身重傷ヲ被ルトモ之カ為戦意ヲ沮喪《そそう》スルコトナキヲ要ス」としている。「戦闘如何ニ熾烈トナルモ」「其ノ身重傷ヲ被ルトモ」とあるように、兵士とされたばかりの国民に絶対に戦場を死守すべきことを求めていた。

そして、隊長に対する服従は「如何ナル場合ヲ問ハス厳重ナル」ものとされ、「其ノ服従タルヤ畏クモ天皇ニ対シ奉ル絶対随順ノ崇高ナル精神ヲ基ト」するとされた（第一一条）。それは、「国民義勇戦闘隊各隊長ノ統率、指揮ハ天皇ノ大権ニ根源ス」（綱領三）からであった。そのため、「欣然トシテ没我ノ精神」に入ることが要求された（第一三条）。

2 女子隊員の「戦闘技術ノ練磨」

以上は基本的には女子の戦闘隊員にも当てはまるものであった。この女子、さらには「老幼婦女」について、戦闘隊員としての任務を遺憾なく果たさせるために、特に以下のような条文を置いていた。

第二十三条 戦闘隊員ノ気力、体力ノ養成ハ戦闘技術ノ練磨ト共ニ重要ナルヲ以テ機会ヲ求メテ之カ鍛錬ニ勉ムルヲ要ス女子隊員ニ於テ特ニ然リ

第二十四条 戦闘隊員ニハ老幼婦女ヲ含ミ又特技ヲ有スル者少カラサルヲ以テ夫々其ノ特長ヲ遺憾ナク発揮セシメ特ニ青少年ノ力ヲ活用シ又婦女子ノ活動ヲ助長スルヲ要ス

このように、女子隊員の「戦闘技術ノ練磨」と「鍛錬」を「特ニ」求め、「其ノ特長ヲ遺憾ナク発揮セシメ」「婦女子ノ活動ヲ助長」することにより、国民義勇戦闘隊の戦闘能力を一層高めようとしたのである。

「国民義勇戦闘隊教令」の全文は、長文にわたるが以下のとおりである。

綱領

一　皇国曠古ノ難局ニ臨ミ国民挙リテ天皇親率ノ皇軍トナル是国民義勇戦闘隊ノ本姿ナリ

二　天皇在シマシ神霊鎮リ給フ此ノ皇土ヲ自ラノ郷土自ラノ職域ニ於テ其ノ身命ヲ捧ケテ守護ス是国民義勇戦闘隊ノ使命ナリ宜シク郷党、職域相結ヒ百難ヲ突破シ誓ツテ皇土侵襲ノ敵ヲ撃滅スヘシ

三　国民義勇戦闘隊各隊長ノ統率、指揮ハ天皇ノ大権ニ根源ス故ニ隊長ハ之カ承行《しょうこう》ヲ謹厳ナラシムルト共ニ其ノ栄誉アル地位ヲ感銘シ身ヲ持スルニ厳《げん》、部下ヲ遇スルニ親子ノ情ヲ以テシ率先陣頭ニ立チ隊員ヲ率ヰサルヘカラス

四　国民義勇戦闘隊員ハ神勅ヲ畏ミ勅諭、勅語ヲ奉体シテ軍人精神ヲ養ヒ軍紀ニ服シ燃ユルカ如キ闘魂ヲ培ヒテ国難ヲ突破スルノ気魄ヲ振起スヘシ

五　国民義勇戦闘隊ノ主ナル任務ハ皇土決戦ニ際シ戦闘ニ参加スルト共ニ作戦軍ノ後方業務ヲ担任シ併セテ運輸、通信、生産等ノ総力戦任務ヲ完遂スルニ在リ

六　国民義勇戦闘隊運用ノ要ハ郷土、職域ニ於ケル総力ヲ結集シ皇土決戦場ニ遺憾ナク其ノ実力ヲ発揮セシムルニ在リ故ニ其ノ長タルモノハ常ニ隊ノ実情ト隊員ノ素質トニ留意シ適切ナル任務ヲ与フルト共ニ隊員ヲ確実ニ掌握シ的確ナル指揮ヲ行ハサルヘカラス

七　国民義勇戦闘隊ノ戦力発揮ハ教育訓練ニ俟《ま》ツモノ極メテ多シ故ニ寸暇ヲ惜ミ工夫ヲ凝ラシ特ニ精神ヲ鍛錬シ且幹部ノ徳操ヲ陶冶《とうや》シ統御能力ヲ向上スルヲ要ス

第一章　総則

第一条　国民義勇戦闘隊教令ハ国民義勇戦闘隊（以下戦闘隊ト称ス）ノ運用、服務及教育ニ関シ一般ニ準拠スヘキ大綱ヲ定ム　本教令ニ定メサル事項ニシテ必要ナルモノハ典令範ヲ準用スルモノトス

第二条　軍管区司令官、鎮守府（警備府）司令長官又ハ之ト同等以上ノ権ヲ有シ戦闘隊ノ属スル陸海軍部隊ノ長ハ本教令ニ基キ必要ノ事項ヲ定ムルコトヲ得

第三条　戦闘隊ノ属スル陸海軍部隊ノ長ハ其ノ育成強化ニ関シ責《せめ》ニ任スルモノトス

第二章　運用

第四条　戦闘隊ハ敵ノ上陸又ハ空挺部隊ノ降下ニ際シ一般軍隊ニ協力シ或《あるい》ハ独力ヲ以テ郷土、職域ヲ護リ又遊撃戦ヲ行ヒテ一般軍隊ノ作戦ヲ容易ナラシム而《そ》シテ戦闘隊直接戦闘ヲ行フ場合ハ攻撃精神ヲ発揮シ縦《たと》ヒ肉弾ヲ以テスルモ敵ヲ撃滅スルノ概ナカルヘカラス

第五条　戦闘隊ハ敵ノ謀略、不逞《ふてい》ノ徒ノ騒乱等ニ備ヘテ一般軍隊ト協力シ或ハ独力ヲ以テ重要ナル施設、資源ヲ掩護《えんご》シ又憲兵等ノ業務ヲ援助シテ治安ヲ確保スルト共ニ警備ヲ要スル事態ノ発生ニ際シテハ機ヲ失セス適切ナル処置ヲ執ラサルヘカラス

第六条　戦闘隊情報連絡ノ勤務ニ任スル場合ハ一般軍隊ト連絡ヲ密ニシ其ノ必要トスル情報ヲ機ヲ失セス収集スルト共ニ迅速ナル伝達ヲ図ルヲ要ス之カ為戦闘隊ハ其ノ特色ヲ

十分ニ発揮シ得ル如ク予メ周密ナル情報組織ヲ構成シ伝達方法ヲ周到ニシ其ノ勤務ニ遺憾ナカラシムルヲ要ス

第七条　運輸、通信、補給等ノ業務ハ作戦ノ前後ヲ通シ戦闘隊ノ担任スヘキ主要ナル任務ニシテ其ノ成果ハ直接一般軍隊ノ作戦ニ影響スル所極メテ大ナリ故ニ戦闘隊ハ天候、地形ノ困難及施設、資材ノ不備、不足等ハ勿論敵ノ銃砲爆撃激烈ヲ極ムルトモ万難ヲ克服シ各種機関相互ノ連繫《れんけい》ヲ密ニシ業務ノ円滑確実ヲ期スルヲ要ス

第八条　戦闘隊ノ担任スル工事ハ主トシテ築城及飛行場、道路ノ構築、補修並ニ運輸、通信及生産施設ノ維持、補修等ナリ而シテ工事ハ戦力発揮ノ重要手段ナレハ有ユル努力ヲ尽クシテ作戦ノ要求ヲ充足スヘシ

第九条　軍需品、食糧等ノ生産ハ国内戦場化スル場合ト雖《いえど》モ絶対ニ之ヲ確保セサルヘカラス故ニ敵ノ如何ナル妨害ヲ受クルトモ或ハ連続夜間生産ニ従事スルコトアルモ戦闘隊員ハ有ユル困苦ヲ克服シテ職域ニ奮闘シ所命ノ生産ヲ完遂スヘシ

第十条　戦闘隊作戦軍ノ宿営、給養、救護等ノ援助ニ従事スル場合ハ特ニ一億戦友ノ情誼《じょうぎ》ニ基キ一般軍隊ノ戦力ノ維持増進ニ努力スルヲ要ス

第三章　服務

第十一条　戦闘隊員、隷属又ハ指揮関係ニ在ル一般軍隊及戦闘隊ノ長ニ服従スルハ如何ナル場合ヲ問ハス厳重ナルヘシ而シテ其ノ服従タルヤ畏クモ天皇ニ対シ奉ル絶対随順

ノ崇高ナル精神ヲ基トシ近クハ父母ヲ敬ヒ兄姉ニ従フノ心ヲ以テ誠心誠意行ハサルヘカラス

第十二条　戦闘隊員ハ隷属又ハ指揮関係ナキ一般軍隊及戦闘隊ノ幹部ニ対シテハ任務ノ遂行ニ差支ヘナキ範囲ニ於テ服従ノ道ヲ守ルヘシ

第十三条　戦闘隊ノ服務ニ於テハ隊員心ヲ一ニシ協同団結ノ実ヲ挙クルコト極メテ緊要ナリ故ニ隊員ハ全隊戦捷《せんしょう》ノ為欣然トシテ没我ノ精神ト隣保《りんぽ》職域ノ情誼トヲ発揮シ隊員相互ハ固ヨリ各隊互ニ相扶《たす》ケ戮力《りくりょく》協心以テ戦闘隊ノ真価ヲ服務ニ現ササルヘカラス

第十四条　戦闘隊其ノ任務ヲ遂行スル場合ハ所要ノ勤務ヲ定メ服務ヲ確実ナラシムルト共ニ特ニ自衛ノ万全ト軍紀ノ維持ニ遺憾ナカラシムルヲ要ス而シテ戦闘隊ノ勤務ハ形式ニ流ルルコトナク簡易ニシテ隊ノ実情ニ即シ実効ヲ挙クルコトニ留意スルヲ必要トス

第十五条　戦闘隊員ハ常ニ精神ヲ鍛錬シ簡素ニシテ規律アル戦時生活ニ徹底シ職域活動ヲ刷新強化シ以テ戦力ノ増強ニ勉ムルヲ要ス

第十六条　戦闘隊員ハ秘密ヲ厳守シ流言《るげん》ニ惑ハス又敵ノ宣伝謀略ニ乗セラレサル如ク厳ニ戒ムヘシ

第十七条　戦闘隊員ハ敵ニ対シ善戦敢闘悔ナキ任務ノ完遂ニ邁進スヘキハ勿論ナレト万一敵

手ニ陥リタル場合ニ於テハ皇軍ノ一員トシテ生キテ虜囚ノ辱ヲ受ケス死シテ罪禍ノ汚名ヲ残スコトナキ態度ヲ持スヘシ

第十八条　戦闘隊員ハ戦闘如何ニ熾烈トナルモ命ナクシテ任務遂行ノ職場ヲ離ルルコトアルヘカラス縦ヒ其ノ身重傷ヲ被ルトモ之カ為戦意ヲ沮喪《そそう》スルコトナキヲ要ス

第四章　教育

第十九条　勅諭、勅語ノ奉体ハ戦闘隊教育ノ大本ナルヲ以テ戦闘隊ノ教育ニ任スル者ハ常ニ思ヲ此ニ致シ率先垂範以テ隊員ノ精神ヲ鍛錬スルト共ニ其ノ実践ニ勉メサルヘカラス

第二十条　戦闘隊ノ教育訓練ハ幹部教育ヲ特ニ重視スルヲ要ス而シテ幹部ハ戦場ノ実相ニ稽《かんが》ヘ困難ナル状況ニ於テモ隊員ヲ確実ニ掌握シ任務ノ遂行ニ十分ナル指揮能力ヲ養フコト緊要ナリ又下級幹部ノ素質ノ向上ニ就テハ特ニ留意シ苟《いやしく》モ統率指揮ニ謹厳ヲ欠キ威信ヲ失墜セシムルカ如キコトアルヘカラス　尚指揮組織ノ訓練ハ戦力発揮ノ為極メテ重要ナリ

第二十一条　戦闘隊ノ教育訓練ハ良ク作戦ノ要求ト職域ノ特性トニ即応シ地域的、時期的要度ニ基ク重点及緩急ヲ適切ニ定メ又戦闘隊ノ特質ニ鑑ミ単一ヲ旨トシ特ニ隊員ノ素質、特技等ニ適応セシメ寸暇ヲ活用シ実施スルヲ要ス　尚教育訓練ニ方《あた》リテハ隊員ノ職域、環境ニ応シ常ニ生産其ノ他ノ活動ト一体タラシムルヲ要ス

第二十二条　戦闘隊ノ戦法ハ其ノ特質ト装備トニ適応スル如ク創意ヲ加ヘ之カ訓練ニ方リテハ手段方法ニ工夫ヲ凝ラシ隊員ヲシテ常ニ自信ヲ以テ戦闘シ得ルニ至ラシムルヲ要ス

第二十三条　戦闘隊員ノ気力、体力ノ養成ハ戦闘技術ノ練磨ト共ニ重要ナルヲ以テ機会ヲ求メテ之カ鍛錬ニ勉ムルヲ要ス女子隊員ニ於テ特ニ然リ

第二十四条　戦闘隊員ニハ老幼婦女ヲ含ミ又特技ヲ有スル者少カラサルヲ以テ夫々其ノ特長ヲ遺憾ナク発揮セシメ特ニ青少年ノ力ヲ活用シ又婦女子ノ活動ヲ助長スルヲ要ス

第二十五条　戦闘隊ノ教育訓練ハ編成下令前ニ於テ勉メテ之ヲ完成シ編成下令後ニ於テハ且教ヘ且戦ヒ以テ其ノ成果ヲ向上スルヲ要ス

第二十六条　戦闘隊ノ教育訓練ハ自ラ実施スルノ外一般軍隊之ニ任ス尚帝国在郷軍人会ノ行フ軍事訓練ノ活用ニモ努ムルヲ要ス

＊1以下、本節の記述は、前掲『戦史叢書　大本営陸軍部〈10〉昭和二十年八月まで』三一五頁～三一八頁を参照した。

＊2前掲藤原彰『太平洋戦争史論』一九一頁。
＊3前掲『戦史叢書』三二〇頁。
＊4同上三二一頁。
＊5軍令部総長の発言を含め、同上三二〇頁〜三二二頁。
＊6同上三二〇頁。
＊7同上三二三頁〜三二四頁。
＊8同上三二四頁〜三二五頁。
＊9同上三二五頁。
＊10同上三一五頁〜三一六頁。

第五章
国民義勇戦闘隊の戦闘方法と『国民抗戦必携』

特攻攻撃の重視

1　勝利か死かの一念、各種の特攻

こうして「本土決戦」は、一億の軍官民が一体となり、地の利を活かし、特攻攻撃を重視し、勝利か死かの一念に徹し、敵と刺し違えるという戦法をもって戦うことが目ざされた。実際に、空海陸にわたる各種の特攻戦法が具体化されていった。

航空作戦では、陸海軍が保有する合計一万機の航空機を、特攻機へと改装することが進められた。また、母機に吊るしたまま飛行し、目標付近で分離して搭乗員が誘導し、体当たり攻撃を行なう桜花《おうか》・橘花《きっか》・藤花《とうか》等の、いわば人間飛行爆弾の開発もなされた。海軍は、各種舟艇の改造を進め海上特攻兵器を製造した。特殊潜航艇の海竜《かいりゅう》と蛟竜《こうりゅう》や、ベニヤ製のモーター・ボートを改良しただけの爆薬搭載突撃艇である震洋《しんよう》、さらには潜水兵が機雷を頭上に掲げて海中を歩いて敵舟艇に突撃する伏竜《ふくりゅう》等があった。いずれも構造が簡単で製造が容易であり、体当たりにより敵舟艇もろとも自爆することを狙いとしていた。

陸軍も地上攻撃による様々な特攻戦法を企画した。特に、アメリカ軍の戦車には、硫黄島や沖縄の戦闘で完全に圧倒されており、その攻撃のため企画されたのが「一死必砕ノ特攻ニ依ル肉迫

攻撃」であった。爆薬を抱いて戦車に突進し、戦車とともに自爆するというものである。

この対戦車戦での勝利を必至の課題とした大本営陸軍部は、七月一六日、その具体的な戦法に関する以下の「決号作戦ニ於ケル対戦車戦闘要綱」を示し、全将兵にこの戦法での訓練を要求した。

一　決号作戦ニ於ケル陸上戦闘ノ要諦カ敵ノ骨幹《こっかん》戦力タル戦車ノ撃滅ニ存スルヲ重視シ形而上下ニ亙《わた》ル各般ノ作戦準備就中《なかんずく》築城陣地ノ編成、砲兵及戦車ノ運用等ハ対戦車戦闘ヲ基調トシテ実施スルモノトス

二　（省略）

三　対戦車戦闘ハ一死必砕ノ特攻ニ依ル肉迫攻撃ヲ主体トス之カ為全軍将兵ニ対シ兵種ヲ論セス兵科部ヲ問ハス肉迫攻撃戦法ノ徹底及装備ノ充実ヲ期スルモノトス

四　肉迫攻撃ハ対戦車決戦手段ニシテ肉迫攻撃ヲ以テ単ニ邀撃《ようげき》ヲ本旨トスル自衛戦闘手段ト見做《みな》サントスルカ如キ思想ハ之ヲ一擲《いってき》スルモノトス*1

ここでは、「肉迫攻撃戦法」が、敵を迎え撃つ「邀撃」のための自衛的なものでなく、戦略的な攻撃戦法であると強調していることが注目される。むろん、それは「一死必砕ノ特攻」による自爆攻撃を指すものであった。

2 「遊撃戦」と肉弾戦法

こうして、「全軍将兵ニ対シ兵種ヲ論セス兵科部ヲ問ハス肉迫攻撃戦法ノ徹底」が命じられたが、それでは国民義勇戦闘隊の具体的な戦闘方法については、どうであったのか。

先の「国民義勇戦闘隊教令」第四条にあったように、「戦闘隊ハ敵ノ上陸又ハ空挺部隊ノ降下ニ際シ一般軍隊ニ協力」すること、あるいは「独力ヲ以テ郷土、職域ヲ護リ又遊撃戦ヲ行」うこと、さらに「戦闘隊直接戦闘ヲ行フ場合ハ攻撃精神ヲ発揮シ縦ヒ肉弾ヲ以テスルモ敵ヲ撃滅スルノ概ナカルヘカラス」として、軍隊への「協力」のみならず、「戦闘隊直接戦闘ヲ行フ」ための「遊撃戦」および「肉弾ヲ以テスル」戦闘が求められていた。

①地区特設警備隊との「緊密ナル一体化」

この「遊撃戦」に関し、まずは国民義勇戦闘隊を指導し「領導」する「地区特設警備隊」に課された戦闘方法について述べよう。「地区特設警備隊運用ノ参考（案）」（大本営陸軍部四五年四月一五日）が「特ニ国民義勇隊トノ緊密ナル一体化ヲ考慮セザルベカラズ」とされていたことは第一章で述べたとおりである。[*2]

この「運用の参考」は、「地区特設警備隊ヲ中核トスル国民抗戦組織ノ完備」こそが、国内抗戦の最も重要な要であるとし、その抗戦は「遊撃戦」として戦われるべきことを求めていた。すなわち、「国内抗戦中遊撃戦準備ノ完整ハ本土決戦遂行上絶対必須ノ要件ナル」とされたのである。この遊撃戦に関し、さらに詳しく次のような定義がなされている。

「国内遊撃戦　低装備ノ軍隊並ニ之ガ指導組織化セル国民ガ作戦ニ呼応シ慣熟《かんじゆく》セル土地ヲ基盤トシテ正奇各種ノ戦法特ニ謀略的手段ニ依リ神出鬼没ノ行動ヲ以テ国土ニ侵寇《しんこう》セル敵ノ戦力ヲ消耗破摧《はさい》セントスル一種ノ戦闘型式ナリ　因《ちな》ミニ敵戦線並ニ之ガ後方ニ対シ第一線部隊自体ノ戦法トシテ実施スル潜入挺進斬込的行動乃至《ないし》潜伏斬込的行動ヲ挺進攻撃（奇襲）ト呼称ス」

このように遊撃戦の方法と内容は、「謀略的手段」「神出鬼没ノ行動」「潜入挺進斬込」「潜伏斬込」等の「正奇各種ノ戦法」であった。

②「全滅ヲ賭スルモ全軍ノ作戦ニ貢献スル」

さらに注目すべきは、「地区特設警備隊ハ国民ヲ領導シテ一億特攻ニ発展セシムベキモノナリ」とし、「敵戦線ノ後方ニ一斉ニ短切熾烈ナル遊撃戦ヲ展開シ其ノ成果ヲシテ直チニ決戦ニ呼応セシムルヲ要ス、此ノ際遊撃ニ任ズル部隊ハ仮令全滅ヲ賭スルモ全軍ノ作戦ニ貢献スルノ概ナカルベカラズ」と指示されていることである。この「熾烈ナル遊撃戦」さらには「全滅ヲ賭スル」という戦法は、先の「国民義勇戦闘隊教令」で定められた思想と同様なものであった。

また、敵空挺部隊の降下時の戦闘も、次のように指示されている。

「地区特設警備隊ハ敵空挺部隊ノ降下ニ方リ……特ニ所在民衆ノ総力ヲ挙ゲテ之ニ対処セシメ勉メテ遊撃戦ニ依リ敵戦力ノ削耗《さくもう》ヲ図リ主力ノ来攻撃滅ヲ容易ナラシムルヲ要ス」

この点でも、「所在民衆ノ総力」を組織する国民義勇戦闘隊について、「戦闘隊ハ……郷土、職域ヲ護リ又遊撃戦ヲ行」(「教令第四条」)うと定められており、地区特設警備隊の「領導」の下、あらゆる遊撃戦を遂行することが求められていた。

3 『国民抗戦必携』における戦闘方法

①詳細な戦闘マニュアル

ところで、大本営陸軍部は、国民義勇戦闘隊の戦闘方法について、きわめて詳細な解説を加えた『国民抗戦必携』(以下『必携』と略)を四月二五日に刊行している。この『必携』については、前述したように、防衛省防衛研究所戦史研究センターに所蔵されている陸軍一般史料の「戦争指導/重要国策文書」という資料階層の「本土決戦の思想と戦法」の項目「挺身斬込戦法を重視せよ」でも、以下のように記されていた。

「尚これより先四月二十五日大本営陸軍部は『国民抗戦必携』を公布して国民に決戦参加の心構へ、即ち一億特攻皇土護持に奮戦すべきこと、並に国民は国民義勇戦闘隊として戦闘の訓練、陣地の構築を実行し、各々その郷土を守り、挺身斬込戦法に依って軍の作戦に協力すべきことを要望した[*3]」

また、先に引用した当時の新聞記事（「朝日新聞」六月一四日付）でも、次のように述べられている。

「国土防衛と緊急生産の一体化を図つて確立せられた国民義勇隊は、義勇兵役兵法によつて一歩進んで挙国義勇戦闘隊に転移し得る態勢が確立された。国民の一人一人には『国民抗戦必携』が手渡され、悠久の皇土を戦場として悔なき勝利への決戦態勢は物心ともに着々前進しつつある」

このように『必携』は、いわば、国民義勇戦闘隊の正規の戦闘マニュアルともいうべきものであった。刊行されたのは、先の「地区特設警備隊運用ノ参考（案）」の一〇日後の四月二五日であり、同じ大本営陸軍部によって作成されたものである。

この『必携』は、五四頁の小冊子であり、「国民の一人一人」に「手渡され」と記されているものの、実際には、逼迫した用紙事情から全国民への配布など到底不可能であった。そのため、表紙には「増刷許可ス、但シ此ノ場合ハ〇〇複写ト記スルヲ要ス」と記載されており、各地域で工夫を凝らして増刷し配布することを求めていた。

また、五月から六月にかけて発行された国内新聞各紙にも内容が連載され、多くの国民に『必携』を浸透させることが押し進められた。それらの多くの新聞は文章のみの記載が多いものの、一部の新聞では小冊子と同様のイラスト付きで掲載したものもある。

左頁の図は、岡山県津山《つやま》市で確認された実物である。表紙に「一〇〇ノ三二」と鉛筆で記されており、一〇〇部配布された中の三二冊目にあたることが分かる。

②「一億総特攻ニ依リ之ヲ撃滅」

『必携』の内容は、全頁にわたり詳細なイラスト入りで、敵軍との戦闘における隊員の行動や自覚、武器や装備品等について具体的に記されている。表紙には、国民服姿の日本人が米兵に馬乗りになり、喉元に刃物を突きつけている図が描かれている。

また、表紙の裏には以下の「要旨」が記されている。

一．敵若シ本土ニ上陸シ来ツタナラバ、一億総特攻ニ依リ之ヲ撃滅シ、郷土ヲ守リ皇国ヲ絶

対ニ護持セネバナラヌ
二、国民義勇隊ハ戦闘ノ訓練ヲ実施シ、築城ヲ造リ、各人各々其ノ郷土ヲ守リ、挺身斬込ニ依ツテ敵ヲ殺傷シ軍ノ作戦ニ協力セネバナラヌ
三、決戦ニ必要ナル訓練ハ次ノ通デアル
1、指揮官ノ指揮法
2、狙撃、手榴弾投ゲ方
斬込、対戦車肉薄攻撃

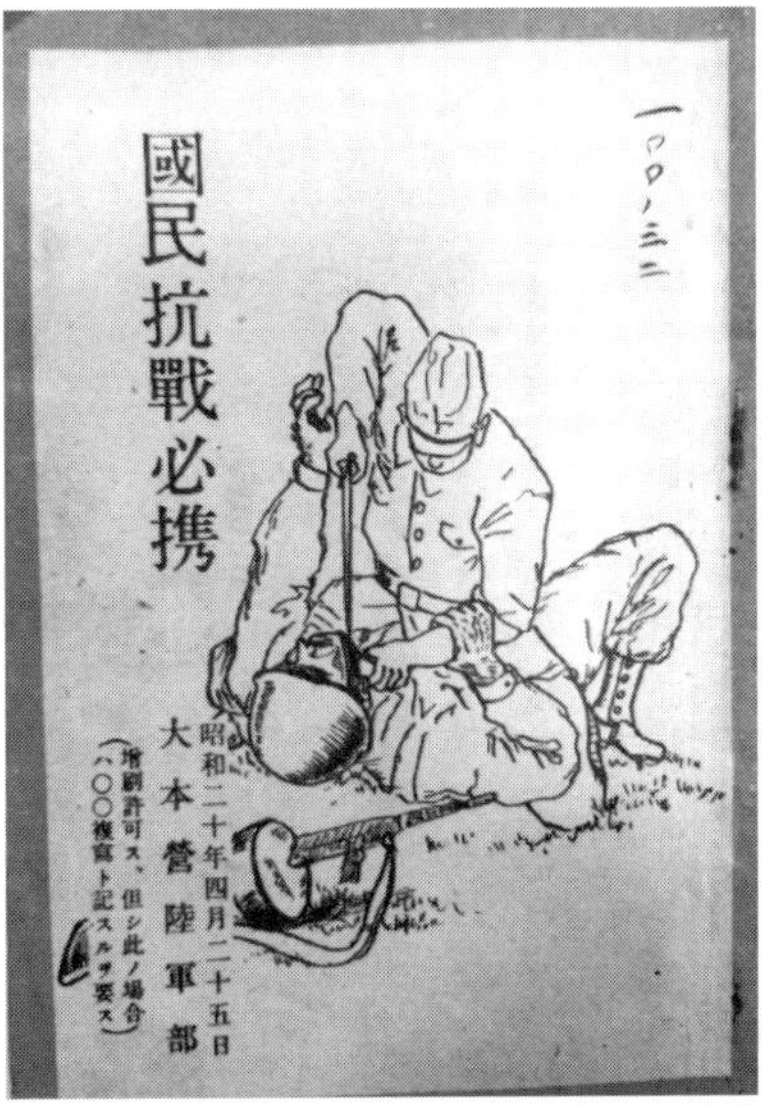

『国民抗戦必携』表紙（津山市人権啓発課所蔵）

ここに示されているのは、「一億総特攻ニ依リ之ヲ撃滅」「挺身斬込ニ依ツテ敵ヲ殺傷」、「皇国ヲ絶対ニ護持セネバナラヌ」「軍ノ作戦ニ協力セネバナラヌ」とする、軍による命令である。

本文は「一、対戦車肉薄攻撃」「二、狙撃」「三、手榴弾投擲」「四、白兵戦闘、格闘」「五、挺身斬込」「六、対空挺戦闘」「七、瓦斯《ガス》、火焔《かえん》防護」の七つの章から成り立っ

ていた。「対戦車肉薄攻撃」が先頭に掲げられているのは、先述の陸軍「決号作戦ニ於ケル対戦車戦闘要綱」に示されたように、対戦車戦の勝利を「本土決戦」の最重要課題の一つにしていたためである。

以下、それぞれの章に付された説明を抜き出してみよう。

「攻撃実施」

③米軍主力戦車への「肉薄攻撃」

「一．対戦車肉薄攻撃」では、アメリカ軍の主力戦車M4中戦車とM1重戦車への「肉薄攻撃」の方法が、「1　敵戦車ノ諸元、攻撃部位」「2　敵戦車ノ戦法、行動」「3　肉薄攻撃資材、組ノ編成」「4　攻撃実施」「5　対戦車肉薄攻撃ノ支援」の頁に分けられ、詳細な図による解説が行なわれている。

「敵戦車ノ諸元、攻撃部位」は、M4中戦車に対する爆弾攻撃の武器として、天蓋《てんがい》及び背面には袋に入れた小型爆雷である「フトン爆雷」が、背面へは「火焔瓶」が、砲塔及び車側面へは「刺突爆雷」と「手投爆雷」が有効であるとしている。また敵戦車の進行前面に対し、七キロの急造爆雷を抱えて飛込むのも適切な攻撃法であるとする。

「フトン爆雷」や「火焔瓶」「刺突爆雷」「手投爆雷」については、それらを用いた具体的な攻撃の仕方を、「肉薄攻撃資材、組ノ編成」「攻撃実施」の頁で、イラスト入りで解説を行っている。すなわち、「肉薄攻撃資材、組ノ編成」では、「手投爆雷」「火焔瓶」を「戦車ノ板ニ横ノ儘《まま》ブツケル」こと、「刺突爆雷」は、「槍、銃剣ノゴトク戦車ヲ串刺シニスル意気デ突込メバ爆発スル」「ソノママ突ク」「突イタ瞬間発火」と解説を加えている。「フトン爆雷」は「（安全栓ヲ）引抜ク十秒後発火」させ、さらに「其他爆薬ヲ梱包シタ急造爆雷、地雷等ガアル」としている。

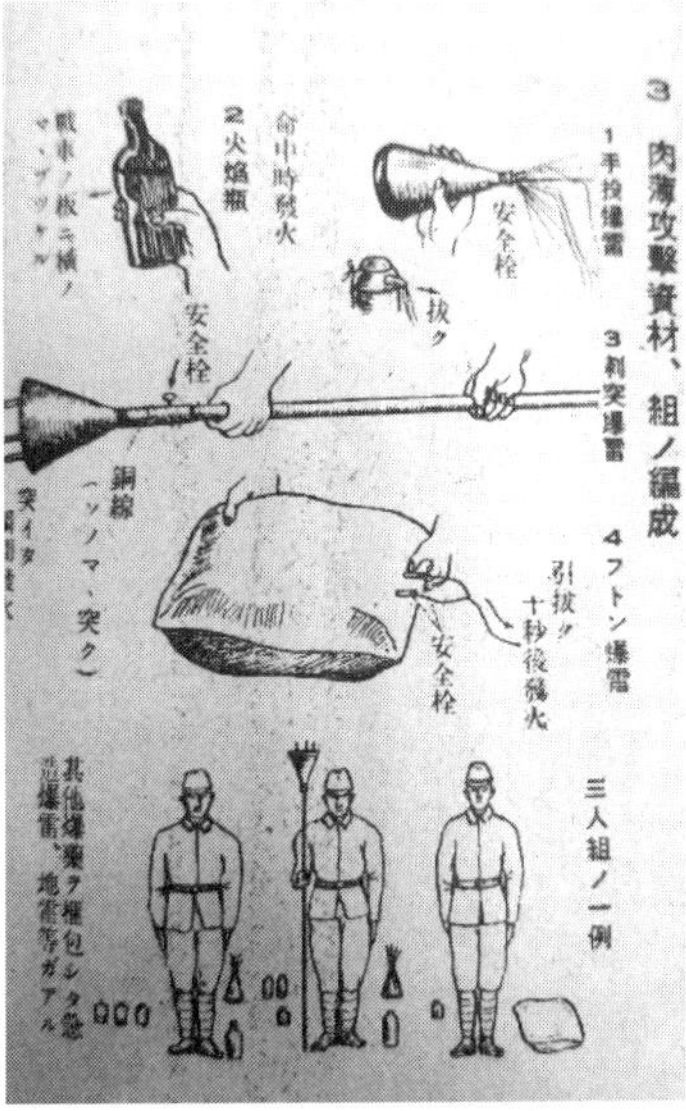

「肉薄攻撃資材、組ノ編成」

以上は、驀進《ばくしん》してくる敵の戦車や装甲車に対し、接近して爆雷や火焔瓶を投げ、あるいは長い柄の先の爆雷で突くこと、その他「フトン爆雷」を戦車の正面部分の出っ張りに引っかけるか、それを背負ったまま戦車のキャタピラに飛びこみ自爆するという、いわば「人間爆雷」の戦法であった。

攻撃を行なう班の編成については、三人組の場合、「フトン爆雷」、「刺突爆雷」、「各種手投爆雷」、「火焔瓶」を各二個、手榴弾七個を装備して攻撃することを指示している。

「攻撃実施」では、「安全栓ヲ抜クノヲ忘レルナ」「火焔瓶ココガヨイ」「真横カラ投ゲルコト」という細かい説明が付されている。

「敵戦車ノ戦法、行動」では、敵は「後ノ方カラ砲兵ノ様ニ重要目標ヲ射撃」してくるとし、「(戦車ヲ守ル）随伴歩兵」への攻撃を指示している。

「対戦車肉薄攻撃ノ支援」では、「機関銃、軽機関銃ハワカラヌ所カラ狙ヒ撃チシテ歩兵ヲ撃滅スル」「擲弾筒《てきだんとう》ハ見エナイ所カラ曲射《きょくしゃ》ニ依ツテ戦車ノ随伴歩兵ヲ射撃スル」と説明している。

④狙撃と手榴弾の投擲

「二．狙撃」の解説では、まず「姿勢」について、「膝射チ」「立チ射チ応用」「伏射チ」「弾丸込メ」をあげ、次に「一挙ニ弾丸ノ根本ヲ押シ込ム」「一挙ニ活発ニ操作スル」と解説し、照準点では、「穴照門」と「照星照門」を図示し、「距離ハ取ルナ、三〇〇米以下デ狙撃セヨ」と指示している。

注目すべきは、落下傘による米軍降下兵への攻撃と照準を掲げていることである。下腹部の「二倍半ノ下ヲネラフ」こと、あるいは股間付近を指し「ココヲネラフ」と詳細に指示している。先述の「国民義勇戦闘隊教令　第四条」に示された「空挺部隊ノ降下ニ際シ一般軍隊ニ協力」するという戦闘任務が、このような形で具体化されていた。

「三．手榴弾投擲」では、「制式手榴弾」「柄附《えつき》手榴弾」さらには「応用ノモノ（硝子、缶詰ノ空缶等）」の三種類を取り上げ、「口デ安全栓ヲ抜ク」「目標ヲ見定メル」「発火」「四秒後爆発」「中ノ環ヲ指ニハメテ投ゲル」「堅イ物ニブツケテ発火サセル」と説明している。

⑤白兵戦闘、格闘と挺身斬込

「四．白兵戦闘、格闘」では、用いる武器を区別し、図のように「刀槍」の場合は「背ノ高イヤンキー共ノ腹ヲ突ケ」、あるいは「斬ルナ、ハラフナ」と戒め、一番効果のある攻撃は突くことであると強調している。

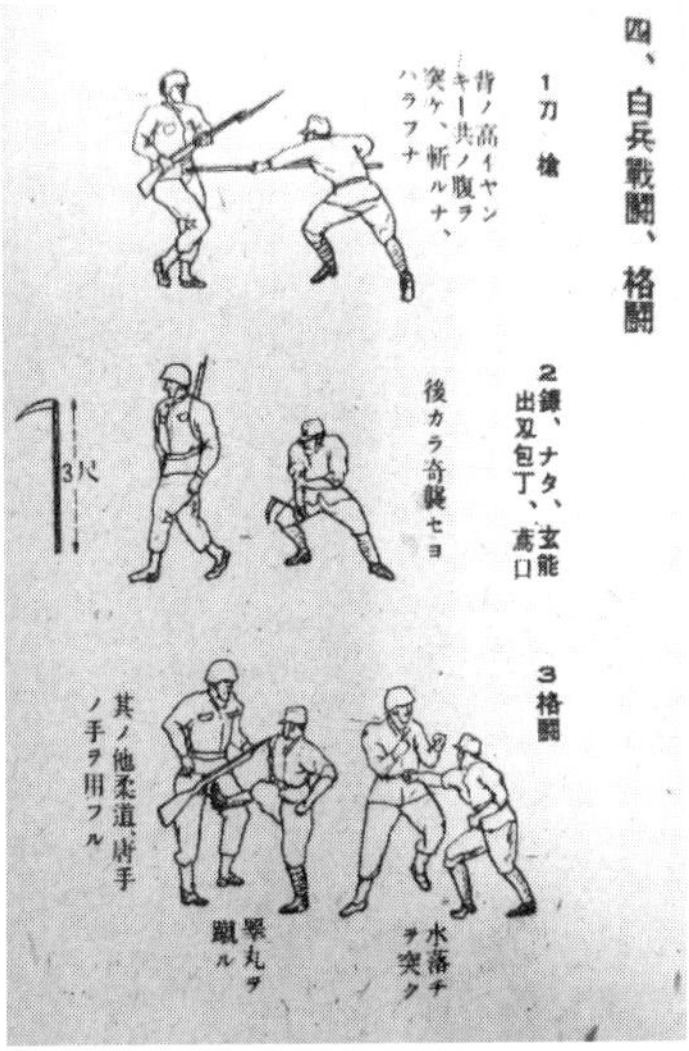

「白兵戦闘、格闘」

「鎌、ナタ、玄能《げんのう》、出刃包丁、鳶口《とびぐち》」を用いる場合、さすがに正面からの攻撃は無理であるとし、「後カラ奇襲セヨ」と指示している。さらに「格闘」の場合は、「水落チヲ突ク」「睾丸ヲ蹴ル」「其ノ他柔道、唐手《からて》ノ手ヲ用フル」と詳細に説明している。

「五．挺身斬込」では、「組ノ編成、携行資材」がまず提示され、三人編成の場合、「長ノ選定、指揮要領ニ注意セヨ」とし、「携行資材」では「小銃（又ハ刀、竹槍、鳶口）」「手榴弾」「マッチ、地図、爆薬、フトン爆薬、破甲爆雷、夜光羅針、笛、懐中電灯、火焔瓶、木バサミ」「右ノ外水筒、糧食各人二―三日分」を用意すべきと命じている。

「地形地物ノ利用」では、「人ノ通レソウデナイ溝ヤ水田デ匍匐《ほふく》スル」と指示している。

「破壊焼夷《しょうい》法」では、敵の迫撃砲を破壊する場合、「迫撃砲　手榴弾砲口ニ二ケ以上入レル、照準具ヲ打チ壊ス」「火砲　爆薬二―八キロ、照準具ヲ打チ壊ス」等の具体的な方法を指示し、その他「ドラム缶　手榴弾、マッチデ火ヲツケル」や「弾薬　手榴弾三ケ中ヘ入レル」、「糧食　柴、枯草デ放火」、「通信線切断」等を命じている。

「待チ伏セ（邀撃）」では、「其ノ一　部隊ヲ攻撃」する場合「山ノ切通《きりどお》シ、橋、部落、森林等デ待チ伏セシテ撃滅スル」「自動車ノ速度ヲ考ヘテ（岩を）前ノ方ニ落シ停止シタ所更ニ落ス」とする。

「其ノ二　敵ノ油断ニ乗ズ」では、「敵ガ一人ナラバ後カラ刺シ（斬リ）殺セ」「敵ガ後ニモ居タラバ重要ナ者（将校、機関銃手ナド）ヲ狙撃セヨ」「多勢カタマッテ居タラバ手榴弾ヲ投ゲヨ」「イヅレニセヨ攻撃迄見ツカラヌコト」と命じている。

「挺身攻撃」では「其ノ一　一般ノ要領」で、「夜間ヲ利用ス」「退避（各方向へ）」「大事ノ前ニ小事ニカカハラヌ事」「敵情捜索（潜伏）」「道路ハ通ラヌ事」とする。

「其ノ二　敵ノ注意ヲ一方ニ引キツケテ他方カラ攻撃」では、「一人デドラム缶ヲ爆発サセ、敵ガソレニ気ヲ取ラレテヰル時主力ハ飛行機ヤ、他ノ燃料ヲ壊ス」とし、「其ノ三　各方面同時攻撃」では「一ツダケデ満足スルナ」と指示するのである。

⑥対空挺戦闘と瓦斯、火焔防護

「六．対空挺戦闘」の頁では、敵の進撃を阻止するための「障碍物」の設営を命じている。その際、「平地ニハ大八車ヤ石木材ナドヲナラベル」「大キナ道路ハ図ノ様ナ障碍物ヲ置クトヨイ」と指示し、加えて「橋ナドノ要点ハ之ヲ守ル」「各地区特警義勇隊ハ速ニ包囲撃滅スル」「伝令、電話デ警察軍隊ニ知ラス」としている。

「七．瓦斯、火焔防護」の頁では、「防毒面ガアレバソレヲ被ル」こと、「『マスク』ヤ手拭《てぬぐい》ニ、布ヤ『ガーゼ』ヲ水ニヒタシテ掛ケ静ニ呼吸スル」こと、あるいは「ナルベク風上、高イ所へ行ク事」、「『イペリット』ヤ『ルイサイト』ノ雨下ノ場合ハ布ヤミノヲカブリ急イデ毒化サレヌ所へ行ツテスグ毒ノツイタモノハ焼キ捨テヨ」と、具体的な毒ガスの名をあげ指示を行なっている。「火焔防護」の頁では、「火焔発射手ヲ物カゲカラ狙ヒ撃チシテ殺ス」こと、および「火焔ヲ吹キカケラレタラサワガズ濡レムシロ、笠、天幕ナドデ遮《さえぎ》リ速ニ横ノ方カラ攻撃スル」と命じている。

以上のように『国民抗戦必携』は、老若男女によって編成される国民義勇戦闘隊を、「対戦車肉薄攻撃」「狙撃」「手榴弾投擲」「白兵戦闘、格闘」「挺身斬込」「対空挺戦闘」「瓦斯、火焔防護」という、あらゆる場面での遊撃戦へと動員し、直接戦闘に参加させることを企図していた。

白兵戦や格闘さらには挺身斬込の場合などは、近代兵器で重武装している上陸軍に対し、事実上素手で立ち向かわせることさえ指示していた。それは、第二章で記した「総力交戦準備要綱」における「必勝ノ為ニハ相当ノ犠牲ヲ忍ビ」、「凡《あら》ユル障害ヲ排除シ一部ノ犠牲ヲモ敢テ之ヲ忍ビ断行セザルべカラズ」という方針、さらには「国民義勇戦闘隊教令」における「縦ヒ肉弾ヲ以テスルモ敵ヲ撃滅スル」という方針が、まさに具現化されたものであった。

「戦車ヲ串刺シニスル意気デ突込メバ爆発スル」という精神主義、あるいは「刀槍」によって「背ノ高イヤンキー共ノ腹ヲ突ケ」という扇動的表現も、義勇戦闘隊員の戦意を昂揚させ、戦闘に立ち向かわせる意図的な表現であったと思われる。

＊1前掲『戦史叢書　本土決戦準備〈1〉関東の防衛』五〇三頁。
＊2第一章＊16を参照。
＊3防衛省防衛研究所戦史研究センター所蔵資料の階層「陸軍一般史料／中央／戦争指導／重要国策文書／大本営本土決戦準備」の「5．本土決戦の思想と戦法／沿岸決戦思想の固成」から引用。

第六章
学徒義勇隊と戦闘訓練

一　学校教育の消滅、戦争のみを強いる体制に

一九四五年三月二三日に閣議決定された「国民義勇隊組織ニ関スル件」において、「学校ニ付テハ別ニ定ムル学徒隊ノ組織ニ依ルモ前項ノ業務ニ付テハ国民義勇隊トシテ出動スルモノトス」と規定していた。この学徒隊は、国民義勇戦闘隊の動きと並行して制度化が進められていく。すでに四五年三月一八日、政府は以下の「決戦教育措置要綱」を閣議決定し、従来の学徒勤労動員体制を一層強化し、学徒隊結成の方針を明確化していた。

第一　方針

現下緊迫セル事態ニ即応スル為学徒ヲシテ国民防衛ノ一翼タラシムルト共ニ真摯生産ノ中核タラシムル為左ノ措置ヲ講ズルモノトス

第二　措置

一　全学徒ヲ食糧増産、軍需生産、防空防衛、重要研究其ノ他直接決戦ニ緊要ナル業務ニ総動員ス

二　右目的達成ノ為国民学校初等科ヲ除キ学校ニ於ケル授業ハ昭和二十年四月一日ヨリ昭和二十一年三月三十一日ニ至ル期間原則トシテ之ヲ停止ス

国民学校初等科ニシテ特定ノ地域ニ在ルモノニ対シテハ昭和二十年三月十六日閣議決定学童疎開強化要綱ノ趣旨ニ依リ措置ス

三　学徒ノ動員ハ教職員及学徒ヲ打ツテ一丸トスル学徒隊ノ組織ヲ以テ之ニ当リ其ノ編成ニ付テハ所要ノ措置ヲ講ズ但シ戦時重要研究ニ従事スル者ハ研究ニ専念セシム

四　動員中ノ学徒ニ対シテハ農村ニ在ルカ工場事業場等ニ就業スルカニ応ジ労作ト緊密ニ連繫シテ学徒ノ勉学修養ヲ適切ニ指導スルモノトス

五　進級ハ之ヲ認ムルモ進学ニ付テハ別ニ之ヲ定ム

六　戦争完遂ノ為特ニ緊要ナル専攻学科ヲ修メシムルヲ要スル学徒ニ対シテハ学校ニ於ケル授業モ亦之ヲ継続実施スルモノトス但シ此ノ場合ニ在リテハ能《あた》フ限リ短期間ニ之ヲ完了セシムル措置ヲ講ズ

七　本要綱実施ノ為速ニ戦時教育令（仮称）ヲ制定スルモノトス

備考

一　文部省所管以外ノ学校、養成所等モ亦本要綱ニ準ジ之ヲ措置スルモノトス

二　第二項ハ第一項ノ動員下令アリタルモノヨリ逐次之ヲ適用ス

三　学校ニ於テ授業ヲ停止スルモノニ在リテハ授業料ハ之ヲ徴収セズ学徒隊費其ノ他学校経営維持ニ要スル経費ニ付テハ別途措置スルモノトシ必要ニ応ジ国庫負担ニ依リ支弁セシムルモノトス

このように、「第一　方針」にて「現下緊迫セル事態ニ即応スル為学徒ヲシテ国民防衛ノ一翼タラシム」とし、それまで生産労働力と位置づけていた学徒を国民防衛の一員に加え、本土決戦要員として軍事動員できることを定めた。そのために、学徒動員や学徒勤労令にはなかった「防空防衛」への動員を新たに加え、さらに「学徒ノ動員ハ教職員及学徒ヲ打ツテ一丸トスル学徒隊ノ組織ヲ以テ之ニ当リ」と定め、教職員と一体の組織として学徒隊を発足させたのである。

ここで示されている学徒隊とは、「大学高等専門学校学徒隊」「中等学校学徒隊」（中学校、高等女学校、実業学校等）、「青年学校学徒隊」「国民学校学徒隊」「盲聾唖学校学徒隊」を指している。[*1]

だが、この段階では、実際の学徒隊の「編成ニ付テハ所要ノ措置ヲ講ズ」とし、あるいは予算措置の面でも「学徒隊費其ノ他学校経営維持ニ要スル経費ニ付テハ別途措置スル」とし、未だ実際の編成の方途に関しては具体化されてはいなかった。それは、五月の「戦時教育令」の公布によって、さらに具体化していくことになる。

重要なことは、「右目的達成ノ為国民学校初等科ヲ除キ学校ニ於ケル授業ハ昭和二十年四月一日ヨリ昭和二十一年三月三十一日ニ至ル期間原則トシテ之ヲ停止ス」という決定がなされたことである。これにより、ついにこの国から初等教育より上の学校での教育が消滅した。それどころか、国民学校初等科（小学校）においても、「学童疎開強化要綱ノ趣旨ニ依リ措置ス」とされており、全く不十分な疎開先での教育状況を見るなら、この「要綱」はすべての教育を日本から消滅させ、戦争遂行のみを国民に強いる体制を構築したということができよう。

二　「戦時教育令」の公布――「散華セル幾多勇士ノ忠霊ニ応フル」――

さらに、「第二措置」の七の記載「本要綱実施ノ為速ニ戦時教育令（仮称）ヲ制定スル」という方針を受け、五月二二日、政府は「戦時教育令」を勅令として公布した。*2 特に上諭が付されており、そこでは、「教育勅語」を引用し「一旦緩急ノ際ハ義勇奉公ノ節ヲ効サンコトヲ論シ給ヘリ」と述べている。そして、「今ヤ戦局ノ危急ニ臨ミ朕ハ忠誠純真ナル青少年学徒ノ奮起ヲ嘉シ」と提起した。「教育勅語」が青少年学徒の軍事動員と直結することを示し、彼らの「忠誠純真」なる使命感による戦局の打開を求めたのである。「戦時教育令」の各条文は、以下のようなものであった。

第一条　学徒ハ尽忠以テ国運ヲ双肩ニ担ヒ戦時ニ緊切ナル要務ニ挺身シ平素鍛錬セル教育ノ成果ヲ遺憾ナク発揮スルト共ニ智能ノ錬磨ニ力ムルヲ以テ本分トスベシ

第二条　教職員ハ率先垂範学徒ト共ニ戦時ニ緊切ナル要務ヲ挺身シ倶学倶進《ぐがくぐしん》以テ学徒ノ薫化《くんか》

啓導ノ任ヲ全ウスベシ

第三条 食糧増産、軍需生産、防空防衛、重要研究等戦時ニ緊切ナル要務ニ挺身セシムルト共ニ戦時ニ緊要ナル教育訓練ヲ行フ為学校毎ニ教職員及学徒ヲ以テ学徒隊ヲ組織シ地域毎ニ学徒隊ヲ以テ其ノ連合体ヲ組織スルモノトシ二以上ノ学徒隊ノ一部又ハ全部ガ同一ノ職場ニ於テ挺身スルトキハ文部大臣ノ定ムル場合ヲ除クノ外其ノ職場毎ニ教職員及学徒ヲ以テ学徒隊ヲ組織シ又ハ学徒隊ヲ以テ其ノ連合体ヲ組織スルモノトス

学徒隊及其ノ連合体ノ組織編制、教育訓練、指導監督其ノ他学徒隊及其ノ連合体ニ関シ必要ナル事項ハ文部大臣之ヲ定ム

第四条 戦局ノ推移ニ即応スル学校教育ノ運営ノ為特ニ必要アルトキハ文部大臣ハ其ノ定ムル所ニ依リ教科目及授業時数ニ付特例ヲ設ケ其ノ他学校教育ノ実施ニ関シ特別ノ措置ヲ為スコトヲ得

第五条 戦時ニ際シ特ニ必要アルトキハ学徒ニシテ徴集、召集等ノ事由ニ因リ軍人（陸海軍ノ学生生徒ヲ含ム）ト為リ、戦時ニ緊切ナル要務ニ挺身シテ死亡シ若ハ傷痍《しょうい》ヲ受ケ又ハ戦時ニ緊要ナル専攻学科ヲ修ムルモノハ文部大臣ノ定ムル所ニ依リ正規ノ期間在学セズ又ハ正規ノ試験ヲ受ケザル場合ト雖モ之ヲ卒業（之ニ準ズルモノヲ含ム）セシムルコトヲ得

第六条　本令中文部大臣トアルハ朝鮮ニ在リテハ朝鮮総督、台湾ニ在リテハ台湾総督、関東州及満洲国ニ在リテハ満洲国駐劄《ちゅうさつ》特命全権大使、南洋群島ニ在リテハ南洋庁長官トス

さらに、文部省は同二二日付で「戦時教育令施行規則」を定め、加えて以下の訓令第二号を発している。

「皇国ノ安危《あんき》ハ正ニ学徒ノ双肩ニ在リ今ニシテ奮起セズンバ皇国ノ必勝ヲ念ジ後ニ続ク者アルヲ信ジテ散華セル幾多勇士ノ忠霊ニ応フルノ道ナキヲ奈何《いかん》セン若キ熱血ヲ打ツテ滅敵ノ一丸タラシメ特別攻撃隊諸勇士ニ後ルルコトナカラシムルヤウ学徒隊ノ組織及運営ニ渾身ノ力ヲ竭《つく》シ万遺憾ナキヲ期スベシ」

そこでは、「皇国ノ必勝ヲ念ジ」「散華セル幾多勇士ノ忠霊ニ応フル」よう、「若キ熱血ヲ打ツテ滅敵ノ一丸タラシメ」と述べている。このように「学徒隊ノ組織及運営」は、「特別攻撃隊諸勇士ニ後ルルコトナカラシムルヤウ」行なわれるべきことを定めていた。

以上のように、「戦時教育令」第一条においては、「学徒ハ尽忠以テ国運ヲ双肩ニ担ヒ戦時ニ緊切ナル要務ニ挺身」「戦時ニ緊要ナル教育訓練ヲ行フ」とし、学徒に戦時に求められる軍事訓練

を行なうことを明確に指示した。

さらには、第五条に着目しよう。「学徒ニシテ徴集、召集等ノ事由ニ因リ軍人ト為リ、戦時ニ緊切ナル要務ニ挺身シテ死亡シ若ハ傷痍ヲ受ケ……ルモノハ文部大臣ノ定ムル所ニ依リ正規ノ期間在学セズ又ハ正規ノ試験ヲ受ケザル場合ト雖モ之ヲ卒業セシムルコトヲ得」と定めている。まさに、戦闘による学徒の死を前提としており、そのための応急の卒業措置までが明示されていたのである。

さらに、六月三〇日、それまで十分には明確でなかった国民義勇隊と学徒隊との関係について、文部省による「組織は変へず編入　学徒隊も国民義勇隊に」とする通牒が報道されている。すなわち、「戦時教育令の制定によって全国二千万学徒はすべて新しい組織体たる学徒隊に編入され、戦時に緊切な要務に挺身する」こととなったが、「学徒隊は国民義勇隊と別個の組織なるも一面その組織を以て国民義勇隊となるものとす。この場合においては学徒義勇隊と呼称す[*3]」ることが通知された。学徒隊はそのままの組織で国民義勇隊に編入され、さらに国民義勇戦闘隊に転移することとされたのである。

こうした動向の下で七月一〇日、学徒隊の結成促進のために、文部省は組織改正（文部省官制の改正）を行なっている。文部省官制第四条「総務局」を「学徒動員局」に改組し、その役割を「学徒隊ニ関スル総合計画ノ設定及学徒隊ノ運営一般ニ関スル事項」および「学校ニ於ケル武道、教練、体育運動、航空訓練等ノ特技訓練其ノ他体育訓練ニ関スル事項」の実施と定め、即日公布・施行している。

以上の学徒隊結成の方針は各地で具体化されていった。

例えば、福井地区指令部によって策定された「国民義勇戦闘隊動員計画等ニ関スル規定　昭和二十年七月二六日」の中の「国民義勇戦闘隊編成要領基準表」(付表第二)によれば、「学徒隊ヲ以テ編制スル国民義勇戦闘隊」の項目において、「中等学校以上ノ学徒隊ハ其儘戦闘隊ヲ編成ス」とした上で、さらに個別具体的な事例をあげ、以下のような規定を定めている。

・職域ニ挺身中ノ学徒隊ハ勉メテ建制ヲ保持シ其ノ職域ノ義勇戦闘隊ニ包含セシム
・職域ニ挺身シアラサル学徒隊又ハ職域ニ不用トナリタル学徒ハ素質学徒数ニ応シ学校毎ニ或ハ連(混)合シテ編成ス

当時、県外の遠方への工場動員を含んで、学徒への通年動員が実施されており、在籍する学校ではなく動員された工場で日々を送る学徒も多く存在した。こうした事情により、在籍の学校のままで編成可能な学徒隊はそのまま学校単位の国民義勇戦闘隊となり、また勤労動員により工場等の職域にある学徒は職域の国民義勇戦闘隊に合流すること、さらには勤労動員中であっても職域に所在しない学徒には「学徒数ニ応シ」て、「連(混)合」の形態を含み国民義勇戦闘隊に編成する等の細かな規定がなされている。

三　学徒隊に課された軍事訓練

1　前提とされた「最前線」での戦闘

こうして、制度的に確立した学徒隊は、「本土決戦」に際し国民義勇隊を国民義勇戦闘隊へ転化させると同時に、学徒の軍事戦力化のための組織となった。

学徒隊に課された教育・訓練とはどのようなものであったのか。その具体的な内容は、「本土決戦」時の学徒の戦闘力錬成を目的とした「学徒体錬特別措置要綱」（四月四日）と「学徒軍事教育特別措置要綱」（四月二〇日）において示されている。[*4] 前者は文部省体育局の通達、後者は文部次官通牒であり、後者が上位の通達であると解される。まずは後者の「学徒軍事教育特別措置要綱」について見てみることとしよう。

「学徒軍事教育特別措置要綱」では、男女別に要綱が作成されている。男子については、「教育課目の重点」として、「基礎的戦闘訓練」と「小戦訓練」があげられ、「皇上決戦ノ惨烈ナル局面ニ立チ」「特ニ必勝ノ信念ヲ堅持」すべきこと、さらには「小戦訓練」では、「独立小部隊ノ戦闘特ニ遊撃戦闘ヲ重視」し、あるいは「局地戦市街戦錯雑地《さくざつち》内ノ戦闘及夜間戦闘ニ習熟セシム」べきことが明示されていた。「市街戦」や「夜間戦闘」への「習熟」等、まさに熾烈な最前線での戦闘が前提とされ、その渦中に学徒たちを参戦させようとする方針が明示されている。

2　女子学徒による「体当リ精神」「奇襲攻撃」

次に、女子用の要綱は、女子学徒が決戦下において何を求められたのかが、端的に示されている。まずは、「爾今《じこん》女子学徒ノ軍事教練ハ為シ得ル限リ皇土防衛ニ活動シ得ベキ能力ヲ附与スル如ク重点的訓練ニ徹底ス」という方針が明示された。さらに、「毅然トシ老幼婦女ノ中核トナリ皇国護持ニ挺身スルノ体当リ精神ト気魂トヲ培養ス」ことが求められ、「体当リ精神ト気魂」が強調されている。

一九四五年四月二六日付「読売報知新聞」

いったい、この「体当リ精神」とは何を指しているのか。この点で、「特ニ挺身躬行《きゅうこう》没我協同ノ精神鍛錬ヲ重視」するとされ、「其ノ他」において「先ツ護身術ヲ体得セシメ為シ得レハ奇襲攻撃ノ要領ヲ会得セシム」と定められていた。護身術のみならず「奇襲攻撃ノ要領」の体得が目ざされていることが指摘されなければならない。女子学徒による「奇襲攻撃」とは、いったい何を指すのだろうか。

「学徒軍事教育特別措置要綱」には、これ以上の説明はなく、「体錬」の内容を特定した「学徒体錬特別措置要綱」がそれを具体的に明らかにしている。

四　戦闘第一主義の実践訓練

「学徒体錬特別措置要綱」の男子用では、「爾今学徒ノ体錬ハ……戦闘第一主義ノ実戦訓練ニ重点ヲ指向シ之ガ短期錬成ヲ期ス」と記されていた。この「戦闘第一主義実戦訓練」は、同要綱では基本体力養成の「歩走」と、戦闘のための「白兵戦技」より成り立つものであった。

「歩走」は「短距離疾走力」と「長距離持久力」の養成を主眼とし、毎日一〜二キロの駆足《かけあし》ないしは二キロ程度の強歩を行なうこと、また、跳力と運搬力錬成のために、地形を利用した跳躍、匍匐《ほふく》前進や土嚢《どのう》、丸太、石等の運搬錬成を行なうことが定められた。

「白兵戦技」では、「手榴弾投擲」「銃剣術」「剣道」「柔道」等が課されている。例えば、「手榴弾投擲」は、「球」「短棒」「砂嚢《さのう》」「石」「瓦」等を用いて、飛距離と正確な投擲の錬成を目的とし、また「伏臥《ふくが》」「膝立」「立投」のように様々な体位から手榴弾を投擲する訓練も目ざされていた。

加えて、「学徒軍事教育特別措置要綱」には記されていなかった「対戦車戦闘」も想定されている。すなわち、「白兵戦技（二）」で「対戦車戦闘等ヲ考慮シ移動スル目標ニ対スル正確投ノ演練ヲ実施スル」ことが命じられている。移動する戦車に向かい手榴弾を投擲することは、自分の身をさらさなければならず、熟練の兵士ですら困難な、はなはだ危険かつ高度な戦闘行動である。

こうして、学徒隊における男子学徒は、「遊撃戦」「局地戦」「市街戦」「夜間戦闘」への「習熟」に加え、「対戦車戦闘」の訓練も求められ、苛烈な戦闘へのまっただ中に送り込まれることが想定されていた。

五　護身の域を超えた「護身法」

1　丸太による斬撃と刺突

さて、「学徒体錬特別措置要綱」は、当初男子用が作成され、女子用は「備考」の二で「女子学徒ニ在リテハ……共ニ手榴弾投擲、薙刀、刺突法、護身法等ノ実戦的訓練ニ依リ沈着冷静大事ニ処シ得ル皇国女性タルノ闘魂及体力ノ錬磨ニ力ムルモノトス」と述べられたのみであった。

その後八月に文部省から「要綱」の「別紙」[*5]が出されている。その中の、「女子学徒ノ薙刀及護身法ニ関スル件」および「女子護身法中突蹴ノ解説」に基づき、女子学徒が決戦下において求められたものを詳細に明らかにしよう。

「薙刀」では、「三　突ハ特ニ銃剣刺突ノ要領ヲモ会得セシメ竹槍等ノ使術ニ便ナラシムルコト」とされ、竹槍訓練を想定したものであったことが目につく。実際には薙刀の入手は困難であり、それに代えて「丸太」を使った「正面斬撃《ざんげき》」が、「斜斬撃」や「正面刺突」と共に、以下のように詳しく説かれている。

正面斬撃　丸太ヲ両手ニ持チ足ヲ前後ニ開キタル構ニテ立チ空間又ハ斬撃台ニ対シ正面斬撃ヲ行フ

斜斬撃　丸太ヲ両手ニ持チ足ヲ前後ニ開キタル構ニテ立チ空間又ハ斬撃棒ニ対シ斜斬撃ヲ行フ

正面刺突　丸太ヲ両手ニ持チ左足ヲ前ニ出シタル構ニテ立チ正面刺突ヲ行フ

しかしながら、実際に女子学徒が丸太を使いこなすことができるのか、また丸太を使った攻撃がどれほどの効果を持つのかは疑問なしとしない。それどころか、攻撃する際にかなり接近しなければならず、相手にあっけなく倒され、多くの犠牲を生むことにもつながる訓練であった。

2 「膝頭ヲ以テ対手ノ股間ヲ蹴上グ」

「護身法」では、さらに詳細な訓練目標が明らかにされている。特徴的なものをあげるなら、「四．拳突ハ危急ノ際ニハ概ネ武器（短刀千枚通《せんまいどおし》 手製ノ短柄錐ノ類）ヲ用ヒテ刺突スルモノナレバ平素ノ修練ニ於テモ其ノ心構ヲ以テ実施スヘキコト　五．蹴ハ両膝頭ヲ以テ夫々体前ノ一点ヲ蹴ルベキコト」という訓練があった。

「短刀千枚通手製ノ短柄錐」の武器を用いて刺突するとされているが、短刀はともかく「千枚通」や「手製ノ短柄錐」がはたして武器になり得るのかは疑問である。

「蹴」は体前の一点を蹴るべきことが強調されている。この「蹴」に関して、「女子護身法中突蹴ノ解説」でさらに詳しく明らかにされている。

すなわち、「上方蹴」では、「同様ノ構ニテ立チ、右膝ヲ屈ゲツツ股ヲ前ニ挙ゲ膝頭ヲ以テ対手ノ股間ヲ蹴上《けりあ》グ、次イデ左膝ヲ屈ゲツツ股ヲ前ニ挙ゲ膝頭ヲ以テ対手ノ股間ヲ蹴上グ、以上ノ動作ヲ繰返ス」とし、左右の両膝で連続的に相手の股間を集中して狙うことを指導している。

以上のように、これらの「護身法」は、護身の域をはるかに超えた、白兵戦技に匹敵する内容をもつものであった。「学徒軍事教育特別措置要綱」で示された、女子学徒による「奇襲攻撃」は、こうした内容をもっていた。しかし、丸太で殴るといい、股間を蹴るといい、そこまで相手に接近することの危険性を、どのように考えていたのかが問われなければならない。

「本土決戦」という、何らの合理的な展望もない、ただいたずらに国民や前途ある若者たちを犠牲にするだけの「一億総武装」の総力戦体制は、その依って立つ家制度や天皇制イデオロギーすら自ら破壊し、矛盾と混沌という理不尽な結果を晒《さら》しつつ、遂に大日本帝国それ自体の崩壊という結末をむかえていくのである。

＊1「戦時教育令施行規則」第一条による。
＊2官報一九四五年五月二二日。
＊3「朝日新聞」一九四五年六月三〇日付。なお、同年六月二九日、文部省総務局長と内務省地方局長の連名で「学徒隊ト国民義勇隊トノ関連ニ関スル件」が出され、報道内容と同様の説明がなされている（前出『十五年戦争極秘資料集8　国民義勇隊関係資料』二九頁）。
＊4この二つの「措置要綱」については、崎田嘉寛「アジア・太平洋戦争最末期の学校体育政策に関する一考察：文部省による通牒を手掛かりとして」体育学研究 六一（二）、二〇一六年を参照。
＊5崎田嘉寛により、戦後の体育改革に重要な役割をはたした竹之下休蔵の「竹之下休蔵文庫」から見出された資料である。

第七章
国民義勇戦闘隊の戦死者

一　愛知県学徒義勇隊の実態

1　「一億総武装ノ先駆トシテ」

①「青少年学徒ノ活用」の重視

前述のように、三月一八日の「決戦教育措置要綱」、および五月二二日の「戦時教育令」によって学徒動員はさらに強化され、学徒隊として勤労動員のみならず軍事動員ができる体制が作り出された。さらに、国民義勇戦闘隊との関係では、六月二二日の「義勇兵役法」公布後は一五歳以上の男女学徒にも「兵役」が課されることとなった。

この学徒の動員と活用を明確にあらわしているのが、翌二三日に陸軍省次官から各軍管区参謀長宛てに発せられた前出「国民義勇隊等ノ国民義勇戦闘隊ヘノ転移準備要領ニ関スル件通牒」（陸密第四二〇九号）である。そこでは、「戦闘隊ヘノ転移準備ハ其ノ所管区分ニ従ヒ軍管区司令官及之ト同等以上ノ権アル其ノ他ノ長官、地方総監又ハ其ノ他ノ長官ト密ニ連絡シ国民義勇隊ノ組織ヲ利導シテ之ガ実施ヲ為ス」とし、軍と「密ニ連絡シ」戦闘隊へと「利導」することを求めている。

その際に重要なことは、「特ニ青少年学徒ノ活用ニ留意スルモノトス」と指示していることである。「青少年学徒ノ活用」を重視し、国民義勇戦闘隊の中核的戦力として位置づけようとしたものであった。

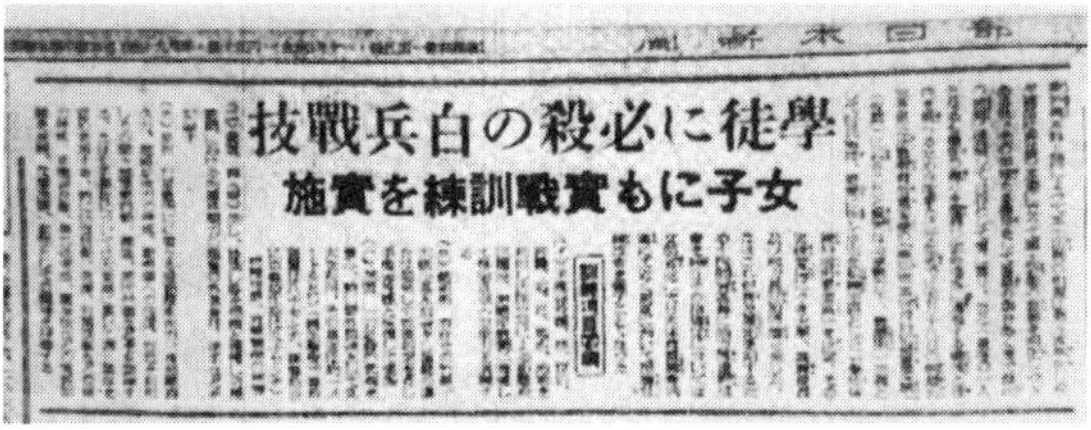
學徒に必殺の白兵戰技
女子にも實戰訓練を實施

一九四五年四月八日付「中部日本新聞」

こうした状況の下で、愛知県を中心とする東海地方では、四月上旬には、東海軍管区において国民義勇隊の一部として、「学徒義勇隊」の名称の下に恒常的な組織を発足させていた。さらに愛知県の場合、全国に先がけて学徒の軍事動員と、後述する「学徒義勇隊幹部訓練」において、対戦車肉薄攻撃訓練や毒ガス訓練を含めた戦闘訓練（「白兵戦技」）を、男女共に行なっていることが注目される（「中部日本新聞」一九四五年四月八日付）。

この「学徒義勇隊幹部訓練」に関し、先駆的な研究を行なったのは佐藤明夫である。佐藤はその著『戦争動員と抵抗　戦時下・愛知の民衆』（同時代社、二〇〇〇年）において、「沖縄学徒隊の悲劇はよく知られているが、本土の一部の中学生に対しても、沖縄戦と並行する時期に軍が戦闘要員として、玉砕訓練・特攻訓練をおこなった事実はまったく埋もれたままであった」と指摘した。そして、丹念な資料調査と聴き取りを積み重ね、「訓練の内容は当時の多少の新聞資料と三十数人の体験学徒の証言・資料によって、かなりの事実が判明してきた」とし、詳細かつ具体的な幹部訓練の内容を明らかにしている。

②学徒義勇隊に関する公式記録

佐藤の実証的研究は、きわめて重要な意義をもつものであり、以下の本章の記述もその多くを佐藤の調査・聴き取りに依拠している。さらに加えて、愛知県公文書館に所蔵された、以下の「学徒義勇隊幹部要員訓練」「学徒隊女子指導者訓練」「学徒義勇隊宿泊演練」に関する公式記録を見出すことができた。

・皇土防衛学徒隊組織並決戦増産報国隊長会議開催ニ関スル件
・学徒義勇隊幹部氏名報告ノ件（学校長）
・学徒義勇隊宿泊演練実施ニ関スル件（学校長）
・愛知県学徒義勇隊派遣学徒ニ関スル件報告
・学徒隊編成表送付ニ関スル件（学校長）
・学徒義勇隊幹部要員受訓練生名簿（愛知県田口農林学校）
・学徒挺身隊出動ニ関スル件
・学徒義勇隊編成等ニ関スル件
・学徒義勇隊幹部要員鉄道賃送付ノ件

・公文書発送文書綴、愛知県田口農林学校学徒義勇隊指導部設置ニ関スル件
・公文書発送文書綴、学徒義勇隊幹部要員受訓練生名簿（学校長）
・空襲罹災工場出動学徒状況調査ニ関スル件
・学徒義勇隊隊長任命ニ関スル件
・愛知県学徒義勇隊編成要綱ニ関スル件
・学徒隊女子指導者訓練強化ニ関スル件
・職場学徒隊指導部設置並ニ学徒勤労指導組織ニ関スル件・学徒隊指導組織ニ関スル件
・学徒隊第八次幹部要員学徒訓練ニ関スル件
・学徒隊第五回宿泊演練ニ関スル件
・戦時教育令ニ依ル職場学徒隊結成ニ関スル件
・愛知県学徒隊地域別連合体ニ関スル件
・愛知県学徒隊幹部教職員特別教育実施ニ関スル件
・学徒隊第五回宿泊演練参集時刻ニ関スル件
・学徒義勇隊幹部要員受訓練学徒銓衡《せんこう》ニ関スル件
・学徒隊第八次幹部要員受訓練学徒銓衡ニ関スル件
・学徒義勇隊宿泊演練実施期間延長ニ関スル件
・学徒義勇隊宿泊演練実施ニ関スル件

・学徒隊男子指導者訓練実施ニ関スル件
・愛知県学徒義勇隊指導本部並指導部設置ニ関スル件
・学徒隊ノ組織編成ニ関スル件

以下に、これらの資料も検討しながら、さらに都築亨編『少国民の錬成と学徒義勇隊――戦時下の教育改革とその崩壊』(社会評論社、一九九七年)や、実際に訓練に参加した生徒たちの回想や論稿等を参照し、「本土決戦」を目ざした愛知県学徒義勇隊の実態を検討してみよう。

③「学徒ノ総武装体制」の確立

吉野《よしの》信次《しんじ》愛知県知事は、三月一八日の閣議決定「決戦教育措置要綱」の制定から間を置かず、四月三日、「学徒動員実施一周年」の標題で各学校長に宛て訓令を発した(「愛知県公報号外」一九四五年四月三日)。学徒義勇隊の編成を命じ、「本県学徒一億総武装ノ先駆トシテ学徒義勇隊ヲ結成」「国土ノ防衛ニ学徒ノ総力ヲ遺憾無ク発揮セシメ」というものであった。学徒を「一億総武装ノ先駆」と位置づけ、中等学校生徒を戦闘隊員として動員し「活用」しようとするものであった。

さらに、それよりも早い三月二六日、国民義勇隊を統括する愛知県内政部長が、「皇土防衛学徒隊組織並決戦増産報国隊長会議開催ニ関スル件」を発していた。そこでは、「戦局危急皇土戦場化ニ備ヘ県下中等学校学徒ハ……総武装体制ヲ確立シ学徒純忠ノ至誠ヲ傾ケテ国民総武装態勢ノ先駆タラシメ其ノ総力ヲ結集」すべきこと、そのために「軍作戦ニ協力シ醜敵殲滅ノ戦闘要員タラシムル」ことを命じていた。注目すべきは、その具体的な方策として「男子学徒中ヨリ指揮能力アル者ヲ選定シ軍学校等ニ派遣シテ実戦訓練ヲ受ケシムル」ことが明示されたことである。[*1]

四月一五日には、県の主催の下に愛知県学徒義勇隊結成式が県庁南広場で開催された。「男子学徒一千名は武装を整え同女子学徒二百名は神風手拭の鉢巻もりりしく」集合した。隊長を兼ねた吉野知事は、「醜敵本土に上陸せんか我々は軍に協力、その指揮下に入り戦闘の第一線に出陣する、我々は先輩同僚の発揮した特攻精神をもってぶつからねばならぬ」と訓示した。岡田資《たすく》東海軍管区司令官も「空襲は日を遂《お》って激しくなるだろう、優秀な民族に与える神の試練はきびしい、よし敵弾が雨と降ろうとも頑張ってくれ」と「激励」を行なっている(「中部日本新聞」一九四五年四月一六日付)。

愛知県学徒隊組織図[*2]によれば、国民学校、青年学校、男子中等学校、女子中等学校と並んで盲聾学校学徒隊が組織されていることが注目される。

四月三〇日には、県内政部長が各校長宛てに「愛知県学徒義勇隊編成要綱」を通達し、その目的を「学徒ノ総武装体制ヲ確立シ……生産及皇土防衛ノ一体的飛躍強化ニ当ラシムル」とした。[*3]

この「要綱」は、前文で「今般県並ニ軍関係者協議ノ上別紙ノ通リ学徒義勇隊編成要綱決定」と記しており、軍との密接な協議の下に作成されたことが示されている。軍との関係では、「任務」の項目の中において、「学徒義勇隊ハ旺盛ナル皇国護持ノ精神ノ下一億総決起ノ先駆トシテ生産増強ニ邁進スルト共ニ軍ニ協力シテ皇土ヲ防衛スルモノトス」と定めていた。

さらに注目すべきは、「指導及訓練」の項目で、「学徒義勇隊ノ隊長タラシムル目的ヲ以テ教職員及学徒中ノ適格者ヲ選抜シ一定期間軍等ニ於テ訓練ヲ受ケシムル」ことを定め、学徒の中から隊長候補を選抜し「一定期間軍等ニ於テ」行なう「学徒義勇隊幹部訓練」の実施を定めた点である。加えて、「幹部」「隊長」のみならず、すべての一般生徒に対しても、「男子学徒義勇隊ニ対シテハ授業時間及手待時間ヲ十全ニ活用シ軍事訓練ヲ徹底的ニ強化スルモノトス」とし、軍事訓練の「徹底的強化」を求めていた。

「要綱」は、学徒義勇隊の具体的な編成について、勤労動員されている職場ごとに、①大学高等専門学校隊、②中等学校高学年隊、③中等学校低学年隊を編成し、五〇名で一小隊、五小隊で一中隊、三中隊で一大隊を構成するものとした。小隊長・中隊長は学徒の中から選び、大隊長は軍事教練教官をあてることを原則としている。

④女子学徒への実戦訓練――「立派に死ぬ美しさ」――

さらに、「義勇兵役法」の制定により女子にも課された兵役を背景に、七月下旬以降、東海軍管区は女子学徒に対する「学徒隊基幹要員訓練」を開始した。すでに六月一二日に「学徒隊女子指導者訓練実施ニ関スル件通牒」が各女子中等学校長、各女子各種学校長、青年学校長および各国民学校長に発せられた（「愛知県広報」一九四五年六月一二日）。

そこには、「苛烈凄愴《せいそう》皇土戦場化ノ緊迫セル戦局ニ対処スル為戦時教育令ニ基キ近ク結成サルベキ学徒隊戦技能力ヲ強化セシメ沈着、冷静、大事ニ処シ得ル皇国女子学徒隊員タルノ闘魂及体力ノ錬磨ヲ図ルハ刻下緊急ノ要務ナルニ鑑ミ」とされ、「今般文部省ニ於テ制定相成タル学徒体錬特別措置要綱ニ基キ特ニ薙刀、護身法、救急看護法等ニ就キ第一線女子指導者ノ訓練」を行なうこととしている。第六章で検討した「学徒体錬特別措置要綱」に基づく訓練が、実際に実施されたことが分かる。

具体的には、訓練時の服装や携帯物として、「実技演練ニ簡便ナル軽装トス（薙刀演練用ノ袴《はかま》ハ不要）」「薙刀、三角布又ハ大型風呂敷、止血棒（拇指《ぼし》太サノ十五　糎《センチメートル》　乃至二十糎ノ棒）」を持参することとされ、さらに、「防空警報発令中ト雖モ特ニ攻撃ヲ受クル怖ナキ限リ実施スルモノトス」として、万難を排して訓練を実施すべきことが指示されていた。

こうして、「本訓練受講後ハ各学徒隊ニ於ケル指導力ノ充実強化ヲ図リ併セテ全女子学徒ニ対スル普及滲透方《かた》ニ関シ格段ノ配意」を行なうことが定められたのである。

沖縄のひめゆり部隊では戦闘任務を要求されることはなかったが、東海地方では女子学徒に実際に戦闘訓練を受けさせていた。

新聞は、そうした女子学徒たちの訓練の様子を「米兵必殺の手榴弾」「死に身で猛訓練」「培う日本婦道の神髄」として、手榴弾の投擲訓練を写真入りで大きく報道している。参加者は東海・

北陸六県の各女学校・青年学校から女子教員一名・生徒一名が選抜され、一週間で数百人が参加した。訓練施設には岐阜県高山《たかやま》市の高山高等女学校が使用された。訓練は猛暑の中で行なわれ、「東海軍管区兵務部指導の女子学徒隊基幹要員錬成が熱砂《ねっしゃ》を嚙んで展開され」たのである。

注目すべきは、「サイパンの婦人のように髪を梳《す》き、立派に死ぬ美しさをこの短期間に培おうと彼女たちは、朝夕軍人勅諭五ケ条を奉読」(「中部日本新聞」一九四五年八月六日付)したとの報道である。サイパン島の激戦では民間人女性も多数死亡あるいは自決したが、そのことを手本として「立派に死ぬ美しさ」を宣揚しているのである。岡田東海軍管区司令官も高山まで出向き、訓練を激励した。

「手榴弾投擲に撃敵の意気高い女子学徒隊」(一九四五年八月六日付「中部日本新聞」)

2 「幹部訓練」の具体的内容

上記の「学徒義勇隊幹部訓練」については、同東海軍管区では岐阜県も四月一五日、県下いっせいに訓練のための結成式を挙行し、また三重県でも同日に挙行されている。[*4]

それらの苛酷な戦闘訓練に参加した生徒たちの、回想や論稿が残されており、具体的な訓練内容を検証することが可能である。以下に、中学校および実業学校の九名（二名は岐阜県、一名は三重県）の生徒たちが実際に受けた訓練を検討する。夜間の敵陣地攻撃の訓練や渡河訓練、対戦車攻撃さらには毒ガス訓練までが行なわれている。それらを手がかりに、学徒義勇隊に何が求められていたのかを考察しよう。

①召集と市中行進

生徒たちは三年生で参加した一名を除き皆四年生であり、教員がクラスの中で一名から二名、選抜した生徒たちであった。訓練の時期と期間は、四五年四月の二週間（二〇〇名）、五月上旬の一週間、六月の三週間（四〇〇名）、六月一カ月間、七月の二週間、七月の一五日間等である。

愛知県公文書館の幹部訓練に関する資料では、最後の日付は四五年八月九日付「学徒隊第八次幹部要員学徒訓練ニ関スル件」である。幹部訓練は敗戦の直前まで、第一次から第八次まで行なわれたことが分かる。訓練の場所は、豊橋《とよはし》市の陸軍予備士官学校と三重県久居《ひさい》三十三連隊の練兵場であった。

まずは、訓練に召集された時の生徒たちの様子である。

「昭和二十年四月一日より二週間、豊橋第一陸軍予備士官学校砲兵隊へ入隊することになった。三八式歩兵銃、銃剣、弾薬盒《ごう》は学校の備品を借用し、雑のうは母の帯芯で作ったもので、洗面具と着がえ一、二枚をいれて出発。豊橋駅前へ集合した。戦闘帽の校章がまちまち、県下二百名の中学生がそろった。見知らぬ顔ぶればかりだ[*5]」

集合の後、生徒たちは市街地を兵舎まで「同期の桜」を歌いながら行進した。「貴様と俺とは同期の桜　同じ御国の庭に咲く　咲いた花なら　散るのは覚悟　みごと散ります。国のため」歌いながら隊列を整え市街で行なう示威行進は、生徒たちの気持を昂《たか》まらせ、見守る市民たちの戦意昂揚を促す意味を持っただろう。

「五月上旬の一週間程で、県内の各中学校から数名ずつが、豊橋予備士官学校に入校して特別訓練を受けたと思う。三八銃を家に持ち帰り、それを担いで出かけたような記憶がある。したがって、旧豊橋駅から士官学校まで、隊列を整えて市中行進して行ったのではなかったかと思う[*6]」

あるいは、他の生徒は「一九四五（昭和二〇）年四月一日、歩兵銃を担いだ完全武装の学徒義勇隊が集合した豊橋駅前は、重苦しい雰囲気に包まれていた」と書いている。そして、「期間は三週間、指導者も現役士官や下士官で、宿舎も兵舎。到着その日から昼夜を問わぬ猛訓練が課せられた[*7]」。

②戦闘訓練の日課

戦闘訓練は匍匐《ほふく》前進、蛸壺《たこつぼ》掘り、小銃・軽機・重機関銃の発射、夜間演習（敵前渡河と敵陣地攻撃）、そして対戦車戦の訓練、さらには対毒ガス訓練までを含んで、連日行なわれた。

第一日には、訓練に関する「講話と説明」および司令官による激励の訓示があった。

続く連日の訓練の内容は、当時生徒が記した四五年六月二二日から七月五日までの詳細な訓練ノートと日誌に記録されている。[*8]

①（六月二二日）講話と説明、岡田東海軍管区司令官の激励。
②（六月二三日）戦闘各個教練、匍匐訓練が中心（銃をもち、膝と腕のみで移動する）。
③（六月二四日）手榴弾の投擲、対戦車肉迫攻撃の講義（兵器の説明）。
④（六月二五日）対戦車壕・タコ壺壕づくり、分隊教練。
⑤（六月二六日）対空攻撃、対戦車攻撃、挺身奇襲攻撃（ゲリラ）講義。
⑥（六月二七日）対空攻撃、匍匐訓練。
⑦（六月二八日）機関銃射撃、対戦車攻撃、奇襲攻撃。
⑧（六月二九日）奇襲攻撃、学科学習。
⑨（六月三〇日）手榴弾実弾演習、黄色火薬実爆演習。

⑩（七月一日）対戦車攻撃、対空挺部隊（降下部隊）攻撃。
⑪（七月二日）小銃・機関銃実弾射撃演習、奇襲攻撃。
⑫（七月三日）救急訓練、機関銃射撃、毒ガス体験訓練。
⑬（七月四日）戦車壕づくり、奇襲攻撃。
⑭（七月五日）身体検査、薪づくり、清掃、慰労会。

③「一死多殺」の直突射撃

このように、匍匐訓練、手榴弾投擲、タコ壺壕づくり、機関銃射撃、挺身奇襲攻撃、対戦車攻撃、対空攻撃、毒ガス体験訓練等々、まさに「国内抗戦」「国内遊撃戦」に求められるすべての戦闘訓練が実施された。さらなる具体的な戦闘訓練の様子が、他の生徒たちによっても以下のように綴られている。

「昼間の訓練は、挺身奇襲・匍匐前進（五種類ほどあったと記憶している）であった。また校庭を歩行しながら、大声で号令調整（発声訓練）をしたり、蛸つぼ（地面に掘った一人用の塹壕）に、水・干し米・鰹節と破甲爆雷（鉄板も破壊する強力爆薬）を持って潜み、我が身もろとも人間地雷となって、敵の戦車を破壊するという訓練であった」

「演習は、銃と剣鞘（鞘）に縄を巻きつけて音の出ないようにし、身体には草や小枝をつけて擬装し、山上の敵陣に肉薄して敵兵の口から咽《のど》に向かって銃剣で突き刺し敵を倒して夜明け前に撤収するというものであった。

また白兵戦では、直突射撃の訓練を受けた。直突射撃とは、弾込めした銃剣で、敵を突き刺し同時に銃を発射して、確実に敵を殺す方法で『一死多殺』といい、多くの敵を倒し、自らも敵と刺し違え命を捨てるというものであった。旨く出来なければ、対抗ビンタが待っていた。対抗ビンタとは、班の者が全員二列に並び、相対してお互いに殴りあうという仕置きである」[*9]

このように、「敵兵の口から咽に向かって銃剣で突き刺し」、あるいは「弾込めした銃剣で、敵を突き刺し同時に銃を発射して、確実に敵を殺す」という、実戦さながらの苛酷な訓練が日夜学徒たちに課されていった。

④重点がおかれた「対戦車肉薄攻撃」

さらに、訓練の最大の主眼が、「対戦車肉薄攻撃」におかれていたことが特徴である。当時の新聞は、「学徒義勇隊幹部の肉弾訓練」「死角潜り爆雷抱き」「模擬戦車に突入」との大見出しで、その訓練の写真を掲載している（「中部日本新聞」一九四五年四月一三日付）。

それは次のように語られている。

「広大な高師原《たかしばら》の練兵場が、主に集団訓練の場であった。ここで匍匐前進、銃剣の突き方を繰返し練習した。銃を支えての匍匐前進は、第二、第三と段階が進むにつれて泥まみれの苦しい訓練である。銃剣の突き方も気合いと力がマッチし、タイミングが合わなくてはいけない」
「重点がおかれた訓練は、『戦車攻撃法』である。人間一人がしゃがんではいれる位の縦穴（たこ壺といった）にかくれていて、戦車が近づいた時、弱点である底かキャタピラをめがけて、手榴弾を投げつけて爆破させることである。つまり、肉弾戦の迎撃戦法である。実物の戦車は十台位松林の中におかれていたが、訓練には使わなかった。手榴弾の使用法も、安全ピンをぬく、たたく、投げ方、伏せ方等順を追って何度も練習した。実弾演習は下士官が行ったのを見学した。物すごい爆発音だった記憶がある。ビンにガソリンをいれて手榴弾の代用品として使うこともあると聞かされた時、わが国の弾薬が払底《ふってい》していることを感じた」[*10]
「訓練期間を半ば過ぎた頃から、たこ壺堀《ママ》りと匍匐前進が毎日続くようになった。営庭、道路、山道といわずあらゆる場所をかけて、繰返し行われた。爆薬入りを想定した木箱を、頭の前方に送りながら、予め掘っておいたたこ壺に身を寄せて、目標の模型戦車に向って匍匐、前進して行くのである。少しでも腰が浮いたり止ったりすれば、容赦なく腰といわず、指先といわず靴底で踏みつけられる。対戦車訓練が最終目的と知ったとき、正、反いずれにも揺れる心の中は、言葉で表現出来ない複雑なものであった」[*11]
「訓練は戦局の危急に備えての精神講話の他は、大部分が本土決戦の際の迎撃に関連したものであった。一つの班は重機関銃の操作、他の班は敵の戦車に肉薄して、手投げ弾を投ずる訓練をした。私は後者の班に所属させられた。沖縄の次は本土、それも遠州灘から上陸してくるであろうことを予測しての訓練であった。したがって私の班の場合には高師ヶ原、天白原の台地を匍匐前進する訓練と模型の戦車にいかに効果的に爆弾を投ずるかの投擲訓練が連日続いた。

学徒による対戦車肉弾訓練（一九四五年四月一三日付「中部日本新聞」）

非常呼集による早暁の訓練もあった[*12]

「訓練の中心は、それまでの各戦線における実戦の戦術を生かして、短い円臂《えんぴ》（スコップ）で、自分が隠れる穴（蛸壺）を匍匐の姿勢で掘ってその穴に隠れ、敵戦車が近づいたら、約一キロの爆薬につけられた導火線に火をつけ、敵戦車が二十メートル位近付いて砲撃の死角に入った時、キャタピラに爆薬を投げ込んで戦車を爆破する訓練だった。」

指導教官は、匍匐行動によって身の安全は確保されると説明し、そのような退避訓練も同時に行ったが、だれもが戦車を爆破するときは、我が身も吹っ飛ぶ時と心得『肉弾訓練』と半ば自棄的にそう呼んでいた。

折しも梅雨の折とて雨が多く、泥と汗にまみれての猛訓練と空腹のため、少しでも息を抜こうものなら『なにをたるんどる！おまえ達幹部がそんなざまで戦争に勝てるか！』などと厳しい叱声がとんだ[*13]」

⑤壮絶な毒ガス訓練

注目すべきは、「赤」と呼ばれる「クシャミ瓦斯」等の毒ガスを、生徒たちに実際に吸気させる訓練を行なったことである。

「クシャミ瓦斯をまいた。その白煙の中を数十米走った。途中で先頭が停止したので困った。又つづいて走った。走っている最中咽喉が少し痛くなっただけで臭がする位であった。瓦斯の中を抜けた頃から目から涙が出る、鼻は何かで叩かれた時の様に痛い。咽喉が痛い。嘔吐を催す」「頭・咽喉は痛い、涙は止まらない。鼻汁は出て止まらない[*14]」「夜、赤の実毒体験があった。胸が痛くて鼻は出るし、咳が出る。皆半分泣いてゐた。苦しさ筆舌に尽くしがたし[*15]」

以上は、佐藤明夫の丹念な調査による、生徒たちの「日記」に記されたものだが、その他の生徒たちの手記にも、この毒ガス訓練は記録されている。

「イペリット、ルイサイトとかいう毒ガスに見立てた小箱をかかえて敵の戦車に体当たりするための匍匐が中心でした。重い銃を片手のホフクの連続でクタクタになったことを覚えております[*16]」

「爆雷を抱えて突っ込む『人間地雷』という特攻戦法以外に、次のような攻撃手段も教育されたかと思う。それは火炎ビンとは異なったボール状の液体入りビン（「チビ」と呼ばれていた？）を敵戦車に肉薄して投げつける攻撃である。チビが戦車に命中すれば、ビンは割れて内部の液体が飛び散って気化し、それが隙間から車内に侵入し、戦車内の敵をやっつけることができる。このように『素晴らしい』新兵器も準備されていると教えられた。今にして思えば、まさに毒ガスそのものであり、人間地雷と同様に攻撃側の方が一層多大な犠牲を強いられる、無茶苦茶な武器だったことは改めて述べるまでもない[*17]」

「訓練は、米軍のM一・M四の対戦車戦、対航空機戦（小銃による差し違い戦法）、白兵戦、夜間戦闘、斥候《せっこう》訓練、対毒ガス訓練等をうけた。塹壕も、火焰放射機に備えて蛸ツボでなく、孤ツボというのを教えられた。小銃・軽機関銃の射撃訓練も受けた。当時三年生だったから、今の中学三年生と同じ年齢である……対毒ガス訓練は、区隊員全員（約五十名程）が一室に入れられ、催涙弾をたき、五分程閉じ込められていただろうか、窓を開けられても、涙がいつまでもボロボロ出たのを覚えている[*18]」

このように、部屋に閉じ込められての毒ガス訓練や「瓦斯の中を抜けた頃から目から涙が出る、鼻は何かで叩かれた時の様に痛い。咽喉が痛い。嘔吐を催す」「頭・咽喉は痛い、涙は止まらない。鼻汁は出て止まらない」という壮絶な体験は、訓練に参加した生徒たちの記憶に強烈に刻まれることになった。

前記佐藤は、「学徒基幹訓練では、なぜかこのガスを体験させた」としているが、第五章で検討した「国民義勇戦闘隊」用の戦闘マニュアル『国民抗戦必携』（大本営陸軍部）の中に、すでに毒ガス訓練が組み込まれていたことが想起されなければならない。同『必携』には、図解入りで「催涙瓦斯」「『クシャミ』瓦斯」「窒息瓦斯『ホスゲン』」「中毒瓦斯　青酸・一酸化炭素」「糜爛《びらん》瓦斯『イペリット』『ルイサイト』」について、「特性」「注意」「色彩」の三項目に分け詳細な解説がなされている。

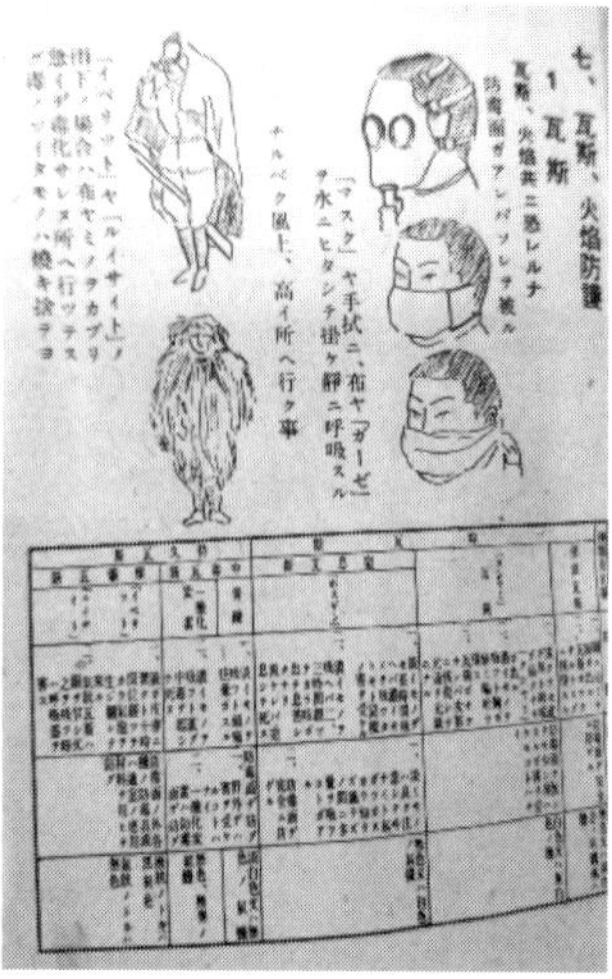

「瓦斯、火焰防護」（『国民抗戦必携』）

さらに、前述のように戦闘時には「『マスク』ヤ手拭ニ、布ヤ『ガーゼ』ヲ水ニヒタシテ掛ケ静ニ呼吸スル」「ナルベク風上、高イ所へ行ク事」や「『イペリット』ヤ『ルイサイト』ノ雨下ノ場合ハ布ヤミノヲカブリ急イデ毒化サレヌ所へ行ツテスグ毒ノツイタモノハ焼キ捨テヨ」と細かな指示が記されている。

これは、あたかも敵による毒ガス攻撃が想定されているかのようであるが、前記生徒たちの毒ガス訓練は、それとは異なっている。すなわち、「敵戦車に肉薄して投げつける」という、こちらから毒ガス攻撃を加えた場合の訓練である。まさに、「人間地雷と同様に攻撃側の方が一層多大な犠牲を強いられる、無茶苦茶な武器[*19]」というべきものであり、攻撃側が自ら巻き添えとなり毒ガスを浴びるときの訓練であったといえよう。

⑥夜間訓練と「敵前渡河」

上記の苛酷な戦闘訓練は、さらに日中のみならず夜間にも及ぶものであった。

「訓練数日目の夜だった。消灯後の制裁もなく、襤褸《ぼろ》のように疲れた体は横になるとすぐ深い眠りに誘われていった。

『非常呼集！』

部屋全体が一斉に動き、軍装を整えた者から営庭に急いだ。ザッザッザッ、速足行軍の足音を未明の町に残して、敵前渡河に向った。両手で銃を頭上に掲げ、胸までつかった雲出川《くもず》の急流は梅雨どきとは言え、肌にしみて冷たい。朝焼けに映える河の中の兵列で、自分がまるでニュース映画の一シーンにいるような錯覚に囚われながら、ただ黙々と川底の石を踏みしめて進んだ。全員が自力で右岸に上陸したとき、辺りはすっかり明るくなっていた。

日本男子と生まれ来て
戦の庭に立つからは
名をこそ惜しめ強者よ
散るべきときに潔く散り
　御国に香れ桜花

明け染めた葉桜の並木道を、戦陣訓の歌の行進は重い足どりで兵営まで続いた[20]」

「こうした昼間の訓練に加え、時折、夜間の非常呼集があり、遅れると、これまた皆の前で校名を言わされての、容赦ない罵声。これにおびえて、だれもがゲートル着用のまま就寝し、安眠もままならず『常在戦場』を地でいく毎日であった。こうした厳しい訓練で、だれもが飢えと疲れで無口になり、逃げ場のない閉塞状況の中で、黙々と訓練に励んだ[21]」

「夜間演習もやりました。月明りに大きな繁みがあり〝突っこめ！〟の号令で走って行くと、その枝を積んだ下は大きな穴になっており、みんな投げ出されました[22]」

「訓練も終末になった夕方、予備士官学校（現在地でいえば時習館高校？）から南方五キロほど離れた天伯原《てんぱくばら》台地へと引率された。夜間の敵陣奇襲を仮定し、完全に日が暮れてから道を迷わずに、予備士官学校へ一刻も早く帰るというのである。夜空に一発の照明弾が打ち上げられ、それが唯一の目標であった。しかも途中には梅田川が流れており、それを渡る野依《のより》橋（現豊橋市野依町）には非常線も張られているという想定で始まった[23]」

⑦激しい体罰

生徒たちは、さらに戦闘訓練以外の時間でも、軍隊式の訓練による激しい体罰を受けた記憶を綴っている。

「十五日目、最後の食事当番長になった。昼食がすみ、食器・食缶を洗い返納する時になって、私の区隊の食器一個が紛失し、どんなに捜してもない。とうとう一個紛失を隊付兵長殿に申告したが、私は兵長殿になぐり倒され、気を失った。『立て！』の命令の声に気が付き、不動の姿勢で敬礼して許されたのが記憶にある」

「『自転車競走』や『往復びんた』の体罰があちこちで始まるのは毎夜のこと。『こんなことで何が……』と口惜しさをこらえたのは私だけではなかったろう」[*24]

以上のように、教官になぐり倒されて気を失った体験や毎夜の往復びんた等、帝国陸軍の非道な体罰は、生徒たちにも容赦なく浴びせられたのである。

3　学徒義勇隊の戦死者

こうした学徒義勇隊の訓練は、はたして訓練のみにとどまったのだろうか。佐藤明夫は、東海地方の学徒義勇隊の実際の戦闘への参加は、敗戦により避けられたとしつつも、しかし「ただひとつの例外がある」「東海学徒義勇隊はついに全国にさきがけて戦死者を出したのである」としている。それは、「学徒義勇戦闘隊として軍の指揮下に動員され、米軍機と交戦した学徒列車警乗隊」における戦死者であった。

①「皇土決戦輸送」

この列車警乗隊とは何であったのか。当時、大本営は決戦態勢の確立を目ざし、軍主導による鉄道部隊の増強を国鉄に要請した。四五年三月には内地鉄道司令部の強化を図り、地区鉄道司令部に軍事参謀を参加させることによって、司令部を軍事輸送処理機関としてのみならず野戦のための機関に改めた。

さらに、第一章で述べた「決号作戦」に即応させるために、四月に大本営陸軍部が「決号作戦に応ずる交通作戦準備要綱」を決定している。そこでは、「決号作戦における鉄道は大本営之を統轄し内地鉄道隊をして之が軍事輸送業務を処理せしむ」と定められ、特に東海山陽線などの「第一級線路線」のみならず、東北、奥羽、北陸、中央などの「第二級線路線」等の鉄道輸送力を絶対確保すべき輸送力として規定した。[*25]

国鉄運営においても決戦態勢が整えられ、「国有鉄道必勝運営体制の確立に関する件」（運輸通信省訓令第一号）では、軍隊をモデルとした隊組織が各業務機関別に編成された。

六月二九日には「国内戦場化に伴う運輸緊急対策に関する件」が閣議決定され、防衛施設の整備、防衛労務および資材・器材の確保等が命令されている。まさに、「鉄道は既に本土決戦遂行中なり」とする「皇土決戦輸送」体制の確立であり、そのための「鉄道義勇戦闘隊の編成」と「鉄道管区と軍管区との一致」を打ち出している。加えて防衛補修体制の一環として、全国沿線の国民義勇隊をもって「愛路隊」を編成し、空襲への輸送障碍に備えることとした。

八月一日には、「天皇の軍として至厳なる軍紀を加え、今や陸運決戦の態勢完し」とする「鉄道義勇戦闘隊」の結成式が行なわれている。そこでは、「輸送は即戦闘なり」「全員決死奉公輸送」の完遂が宣言された（「日本産業経済新聞」一九四五年八月三日付）。なお、同紙面には「本土決戦わが戦備着々強化す」との見出しの下に、「敵機千余を撃墜破」「潜水部隊護衛部隊十一隻を撃墜破」という「大戦果」が大本営から発表されているが根拠は不明である。

②列車警乗と高射機関銃の配備

こうした状況の下で、「第一級線路線」である東海道線は、軍需物資の輸送という点で、きわめて重要な位置を占めていた。アメリカ軍は輸送を阻止するため、戦闘機による空からの執拗な攻撃を繰り返し、それを迎え撃つため列車に対空砲を備えて運行することが行なわれた。

六月下旬、各列車にそれらの高射砲と高射機関銃が配備された。全軍管区に配置された高射砲二二〇門、高射機関銃三〇九門のうち、東海軍管区にはそれぞれ六六門、四六門が配備されている。しかし、高速かつ低空で波状攻撃を行なってくる米戦闘機に対し、ほとんど効果的な反撃を行なうことはできず、甚大な被害と多くの犠牲者を出すことになった[*26]。

三重県尾鷲《おわせ》中学校から松阪の軍需工場で勤労動員を課された長井芳幸は、その後中学二年で少年飛行兵に採用され、浜松航空隊第三中隊に所属した。与えられた任務は、東海道線の列車一〇両おきに設置された無蓋車に乗り込み、土嚢を積んで二五ミリ対空砲により敵戦闘機を迎え撃つ列車警乗であった。途中の幸田《こうだ》駅付近で、米軍のグラマン戦闘機六機による波状攻撃を受け、なすすべもなく列車から避難した。途中一名が腹部に銃弾貫通を受け死亡したという証言を行なっている[*27]。

③選抜された「学徒警乗隊」――「車上戦死こそ本懐」――

上記のような少年飛行兵のみならず、当時東海軍管区の参謀であった保田直文によれば、「東海軍では急遽各列車の最後尾に無蓋車一輛《りょう》を連結し、これに機関銃二基を搭載して敵戦闘機の低空攻撃に備えたが、この列車警乗隊の要員に中学校（旧制中学）の上級生から志願を募り、愛知、三重、岐阜三県下の中学四、五年生約百五十名をもって一ヶ中隊を編成し、国鉄の車庫のある稲《いな》沢《ざわ》の寺院に合宿させて応急訓練を施した」という[*28]。

しかし、「戦果としては浜松附近でPグラマン戦闘機一機を炎上させたのみであるが敵の攻撃をある程度制限した功績は大であった。一方残念なことに四日市出身の生徒一名が戦死した[*29]」。

この学徒警乗隊に関し、当時の新聞は「学徒義勇隊から選ばれて国鉄主要路線の輸送死守に挺身する光栄の若人たち」と紹介し、「ああ紅顔の学徒警乗隊、列車を狙ふ敵機必墜、車上戦死こそ本懐」の大見出しを掲げ、写真入りで詳細なルポ形式の記事を掲載している（「中部日本新聞」一九四五年七月一五日付）。

そこでは、「母校の制服に帯剣、重要輸送に一意邁進を続ける列車に機銃をとりつけ毅然と敵機を睨む学徒警乗兵の精神は、すでに精強皇軍のこころそのものである。義勇隊の戦闘隊移行に先鞭《せんべん》をつけた若人の純忠魂を我々は胸いっぱいに感得する」とし、宇治《うじ》山田《やまだ》中学の上野敏展に「僕の念願は任務期間中にグラマンでもＢ51でもなんでもいいから敵の野郎を撃墜することです」と語らせている。

一九四五年七月一五日付「中部日本新聞」。写真説明には「きッと空を睨む学徒警乗兵」とある

まさに学徒警乗隊こそは、「義勇隊の戦闘隊移行に先鞭をつけ」た「精強皇軍」としての魁《さきがけ》の部隊であった。

彼らは、「執拗に来襲する艦載機やＰ51、こそ泥Ｂ24等の銃爆撃から○○線交通動脈を死守」し、「母校の衆望を担い、父や母や故郷の激励を胸の奥深く刻んでここへ来た学徒達」[*30]として、任務を与えられていた。
だが、彼らが配備された無蓋車とは、写真のように高射砲と高射機関銃の両方を備えながらも、何の防備もなく、空から高速で攻撃を仕掛けてくる戦闘機の銃火に直接さらされる場でもあった。実際に戦果をあげることは不可能に近く、警乗隊に動員された四日市商工学校の四年生斉木善雄が死亡した。市の教育史は、そのことを次のように伝えている。

「ここで、（四日市）商工学校電気科生徒の一部が東海道線列車警乗要員という特種な業務に動員されており、いたましい犠牲者の出たことについてふれておく。列車警乗要員は軍需物資の輸送列車に乗車し、敵機の空襲から列車を守ることを任務としていた。機関銃を操作して敵機と闘うのは正規の軍人で、動員学徒は敵機の監視に当り、来襲の機数や方向を射手に報告する係りであった。昭和二十年七月十五日、電気科四年生斉木善雄他一名は、二名の軍人と共に勤務中、豊橋付近で小型機の攻撃を受け戦闘を展開した。その時、斉木は左大腿部に銃弾の貫通をうけて、豊橋市立病院で死亡（戦死）した。同校では学校葬を行ってその霊をとむらったのである[*31]」

こうして、東海地方の学徒義勇隊は、対戦車肉薄攻撃や毒ガス訓練等の苛酷な戦闘訓練を課され、さらに列車警乗という実戦にも一部動員され戦死者を出すに至ったのである。

以上に見てきた愛知県学徒義勇隊幹部訓練は、先述のように八月三日に示された「学徒隊第八次幹部要員受訓練学徒銓衡《せんこう》ニ関スル件」の発令まで続けられた。*32

また、先の女子学徒への手榴弾訓練が報じられたのは八月六日であり、さらに同一一日には「学徒隊女子指導者訓練強化ニ関スル件」*33が各学校長宛てに発せられた。「尚一段ト之ガ指導力ノ拡充強化ヲ図ルノ喫緊ナル」とし、同一五日の敗戦間際の最後の最後の時期まで、学徒を「国民総武装体制ノ先駆タラシメ」る戦闘要員とする「本土決戦」の実態を見せつけるものであろう。

二　樺太での戦闘と戦死者

1　ソ連の宣戦布告

①樺太国民義勇隊の結成

樺太《からふと》（現サハリン）は北海道の北方に位置し、間宮《まみや》海峡をはさんでロシアに面し、一九〇五（明治三八）年に「日露戦争」により、その南半分が日本領となった地域である。行政府として樺太庁が置かれ、さらに豊原《とよはら》支庁、真岡《まおか》支庁、恵須取《えすとる》支庁、敷香《しすか》支庁の四つの支庁に区分されていた。当時の樺太全体の人口は約四〇万人、中心都市は豊原市で、主要な産業は豊富な木材資源を利用した製紙工業、石炭採掘、農業や漁業などであった。樺太の国民義勇戦闘隊について、『樺太終戦史』（全国樺太連盟）[*34]は次のように記している。

「戦局とともに応召兵が相次ぎ、実数は後備兵《こうびへい》など約三千四百となっていたが、二十年三月には国民義勇戦闘隊の中核になるべく札幌地区司令部の下に全島を九ブロックに分け、地区特設警備隊が編成された」

「中等学校生徒は勤労動員で飛行場建設や援農、漁に狩り出され、十九年三月に『決戦非常措置要綱』で、それまでの一年の三分の一の勤労動員が通年動員になると、動員から戻り、次の動員までの短い期間も軍事教育にさかれ、ゲリラ戦の訓練に明けくれるといった状況だった」[*35]

この樺太での国民義勇戦闘隊や地区特設警備隊の編成、そして中等学校生徒たちの軍事訓練、さらには「ゲリラ戦の訓練に明けくれる」という実態とは、具体的にどのようなものであったのか。なぜ、ことさらに「ゲリラ戦」であったのだろうか。

樺太の北半分および対岸の大陸部を領土とするソビエト連邦（以下「ソ連」と略）は、四五年二月のヤルタ会談「秘密協定」で対日戦参加を決定し、同年四月五日に中立条約の廃棄を通告した。日本は延長を希望したが、拒否されている。ソ連は、中立条約の有効期間満了に先立つ八月八日に、日本に対し宣戦布告を行なった。

この、「日ソ中立条約」の破棄と四月一三日の閣議決定による国民義勇隊の編成方針を受け、六月一三日に大政翼賛会樺太支部、大日本婦人会樺太支部が解散し、樺太国民義勇隊が発足した。この点では、第二章で述べた三月二三日閣議決定の「国民義勇隊組織ニ関スル件」で「国民義勇隊ノ組織成ルト同時ニ大政翼賛会、翼賛壮年団ヲ解体スルコト」が定められており、中央の方針通りに事態が進んだことになる。国民義勇隊本部の隊長には樺太庁長官大津敏男が、副隊長には杉本孝作（樺太配電社長）が就き、各市町村義勇隊や職域義勇隊の編成が急速に進められた。

市町村の義勇隊は、隊長に市町村長が、副隊長に警防団長が任命され、その他幕僚などの肩書で幹部が任命されている。さらに、炭鉱や工場などでは個別に職域義勇隊が組織されたが、北部の炭鉱地帯では、職域義勇隊の隊長が市町村隊の副隊長を兼ねる場合が多かった。樺太の炭鉱は一九四四年八月一一日の閣議決定「樺太及釧路ニ於ケル炭鉱労働者、資材等ノ急速転換ノ件」に基づき戦時体制となり、男性鉱員の多くが本州に移動させられていたからである。男子要員は少なく、残された大勢の家族と少数の炭鉱管理員しか炭鉱地域には居住していなかった。

②「ゲリラ戦」の訓練と陸軍中野学校

それら市町村義勇隊や職域義勇隊の訓練はどのような実態であったのか。前記『樺太終戦史』は次のように記している。

「国民義勇隊をどのように訓練するかについて北部軍管区や旭川師管区の司令部にも成案がなく、豊原地区司令官柳少将はゲリラ戦の要領を教育することにしたという。在郷軍人の地区特設警備隊については二十年三月下旬約七千七百人を同隊要員として召集、二日間の教育を行なったが、その後は機会あることにゲリラ戦の要領、食糧の備蓄などを教えるようにし、島内の中学校の軍事教練もこのことに集中して行なわれるようになった。その後地区司令部に中野学校出身の将校などが配置されたことから遊撃訓練はさらに本格化し、七月上、中旬は地区特警隊員や義勇戦闘隊の中核になる中学校、青年学校生徒らに対しても、敵歩哨《ほしょう》を急襲して捕えたり、敵地に潜入する方法などについて教育が行なわれたのである[*36]」

このように、豊原地区では機会あるごとにゲリラ戦の訓練が実施され、中学校や青年学校においても、こうした方針の下に軍事教練が集中して行なわれた。後述する、中等学校生徒による学徒義勇戦闘隊が戦闘に参加したのも、こうした経緯によるものであった。さらに指摘すべきは、地区司令部に謀略・防諜部隊の育成を任務とする陸軍中野学校出身の将校が配置され、遊撃訓練を本格化させていたことである。この点では、沖縄と同様であったことに注目する必要がある[*37]。

中野学校出身者は、日本各地で国民義勇戦闘隊の隊長補佐として、戦闘訓練を組織していた。例えば、浜松市においても、「義勇兵役法」公布の六月に、地域（市町村・町内会・隣保）や職域（官庁・工場等）、学校（国民学校初等科生を除く）ごとに国民義勇戦闘隊が編成されようとした。浜松市では、在郷軍人神田少佐が隊長となり、中野学校出身の見習士官がこれを補佐し、市役所内に「浜松市義勇戦闘隊本部」を設けたという。[*38]

これら中野学校の将校による国民義勇戦闘隊の訓練とは、どのような実態をもつものであったのか。

むろん、同学校は、「秘密戦」を至上とし、派遣された将校が実際にどのような戦闘訓練を行なったのかについては、今もって解明されていない部分が多い。この点で、まずは同学校の遊撃戦訓練の思想と方法について検討する必要があろう。

ここでは同学校で編集・使用された「遊撃隊戦闘教令」（以下「教令」と略[*39]）を参考にしよう。大本営参謀本部は、南洋諸島の戦闘での相次ぐ敗北の教訓から遊撃戦の重要性を認識し、すでに一九四三年中頃から同学校で遊撃戦とその具体的な戦法の研究と訓練を実施していた。

この「教令」は、「最初、中野学校での遊撃戦教育の基本教科書」とするために作成されたが、「すでに各戦線ともゲリラ活動が必要な段階まで来ていたので、起草途中から一般戦闘部隊にも配付、利用できるよう」[*40]にしたという。同学校の出身者が樺太の地区司令部に配置されていた以上、国民義勇戦闘隊の訓練にも「教令」が参照されたと考えられる。

「教令」は、まずは遊撃隊の作戦遂行が、一般の軍とは異なる任務をもつことを明確にする。「総則」において「遊撃隊行動の要は奇襲に在り」と定め「敵司令部、飛行場、補給線、その他の軍事施設を奇襲し、要すれば陽動《ようどう》を行い、又は各種謀略を併用する等、敵後方を脅威し擾乱《じょうらん》し、軍の作戦を容易ならしむるをもってその主要なる任務とす」と定めている。この「奇襲」「陽動」「各種謀略」「脅威」「擾乱」こそが、ゲリラ戦としての遊撃戦の特徴を示すものであった。

　こうした遊撃戦を担う隊員の覚悟に関し、「忠君愛国の至誠より発する軍人精神を根基とし、旺盛なる攻撃精神を発揮し、森厳《しんげん》なる軍紀を確立し、鞏固《きょうこ》なる団結の下困苦欠乏に耐え剛胆、慧《けい》敏《びん》、熟慮断行、積極潑剌《はつらつ》たる企図心と烈々たる責任観念とをもって任務の必遂を期するを要す」としている。

　また、遊撃隊が直面する困難についても、「遊撃隊は其の特性上、資材の充実、補給及給養《ママ》の円滑は期してこれを望むべからず。糧食はこれを敵地に求むるを原則とするも、各種手段を尽くして常にこれが補給につとめ、戦力の保持につとむるを要す」と定めていた。

　加えて、作戦成功のためには、「住民」を「懐柔利用」する重要さを明確に規定していたことが注目される。

「遊撃戦遂行のため、特に住民の懐柔利用は重要なる一手段にして、我が手足のごとくこれを活用するの道に長ぜざるべからず」

　このように住民（国民義勇戦闘隊員）を「手足のごとくこれを活用する」ことを重要な戦略とし、その「教育訓練」のあり方について、次のように規定する。

「教育訓練は現地現況に即応せる訓練を主体とし、訓練の精熱を重ねて必成の確信を堅持せしむること緊要なり。これがため攻撃行動地区の地形及目標に近似せる状況において、潜入、潜行、潜伏及攻撃実施に関する基本及総合訓練を実施す」

こうして、「現地現況に即応せる訓練」を通して遊撃隊を編成し、「我が兵力、目標の種類及その状態、行動区域の地形等を考慮し、必成を期し得べき兵力を重点に使用す」ることが求められた。そして、「攻撃実施に著手《ちゃくしゅ》せば、予定の計画に基き、指揮官以下必成の信念をもって一意任務に邁進」すべきこと、さらには「敵の巡察及兵員等に対し、各自細心の注意を払うと共に、剛胆機敏、要すれば独断もって機宜《きぎ》の処置を講じ、任務を確実に実施するを要す」と定めていた。

この、潜伏しつつ行なう攻撃の要領も、次のように定めている。

「目標の状態及地形に応じ一もしくは数地に分れて潜伏す。その位置は、機に先だち敵に発見せらるることなく、しかも現出にあたりては敵をしてその急に応ずるの余裕なきごとく、これを行進路の側方に選定す。而して、道路（河川）より幾何の距離においてすべきやは、目標の状況、特にその警戒の程度及地形により異なるも、なるべく敵に近接し射撃及白兵の使用に便なるごとくするを可とす」

さらには、「秘密攻撃」の要領も定めている。

「固定目標に対する秘密攻撃は、我が企図及行動を終始秘匿して行うものにして、毀壊《きかい》、焼夷、爆破、殺傷、謀略等の手段による[*41]」

このような、「教令」における遊撃戦の思想と戦法を基礎とし、樺太でも訓練が行なわれたと思われる。先の『樺太終戦史』に記された「敵歩哨を急襲して捕えたり、敵地に潜入する方法などについて教育が行なわれた」という記述は、「教令」における「奇襲」や「潜伏」という戦法と同一であろう。

以下に樺太における国民義勇戦闘隊の実際の戦闘を検討してみよう。

2　樺太国民義勇戦闘隊の結成と戦闘

①ソ連軍による侵攻開始

一九四五年六月に「義勇兵役法」が公布され、七月に入ると地区特設警備隊や義勇戦闘隊の中核となる中学校、青年学校生徒らに対し、敵歩哨への急襲訓練や敵地潜入の方法等の実戦訓練が行なわれた。

八月九日に、ソ連軍による樺太への進攻が開始され、北部の町への空襲が激しさを増すなかで、樺太国民義勇隊は、駐屯する第八八師団の下令により国民義勇戦闘隊へと転移する。発令は記録上は八月一四日となっているが、実際にはもっと早く、豊原連隊区司令官から北部地区の地域・職域義勇隊に対し、一二日から一三日にかけて要請が出された場合もあった。

また、いつ戦場化するか分からないという状勢の下で、義勇戦闘隊への転移という手続きをふむことなく軍の指揮下に入る場合もあった。特に、古屯《ことん》村、気屯《けとん》村など中央軍道に沿った村々がそうである。

北の西柵丹《にしさくたん》村のように、同村に駐屯した憲兵隊の指揮下で、早くも一〇日に義勇戦闘隊が結成される場合もあった。ただし、憲兵隊の指揮と地区司令官の要請とが適合せず、現場で大きな混乱が引き起こされたことは後述する。

一三日、ソ連軍による艦砲射撃が始まり、上陸が近いことが明らかとなる。恵須取町と塔路《とうろ》町では戦闘隊転移の命令を受け、直ちに特設警備隊の中隊とともに現地防衛の任務が課された。支庁裏山の大防空壕に本部を定めて配置についたが、国民学校高等科を卒業したばかりの少年や婦人たちも召集されていた。

恵須取町から分離した島内第四の町である塔路では、松田塚一警察署長以下の警官隊と三つの炭鉱の職域義勇隊を合わせて塔路義勇戦闘隊が結成された。

②装備の大半を占めた「竹槍」

これらの義勇戦闘隊の武器は、どのようなものであったのか。恵須取町では警察隊は軽機関銃、小銃などを所持していたが、装備の大半は竹槍であった。まだ十代の少年・金沢正信は、父親からクマ撃ちのライフル銃をもらって戦闘隊に参加したという。

北部地区の義勇戦闘隊でも、猟銃、日本刀、竹槍などを持った隊員が任務についた。劣弱な装備であり、名好町北小沢《なよしちょうきたこざわ》戦闘隊では「小銃八丁、撃って弾丸が当たると思われるのは三丁、残りは中華事変の分捕り品、弾丸三百発」だったという。上恵須取の義勇戦闘隊でも、隊長の桑原武司によれば、「十二日に連隊区司令官から戦闘隊長を命ぜられ、隊員を招集したが、農民、杣夫《そまふ》などは手に手にカマ、クワ、ツルハシ、オノ、猟銃などをひっさげて駆けつけ、その装束は山賊さながら」だった。[*42]

気屯では義勇隊員の中核は在郷軍人や警防団員だったが、訓練は満足になされておらず、装備は猟銃や先祖伝来の日本刀、多くは竹槍であり自己調達で甘んじざるを得なかった。

③素手に近い状態での危険な任務

こうした貧弱な武器しか装備できず、多くの戦闘隊員はいわば素手に近い状態で、命じられた任務に向かうことになった。ソ連軍の上陸地点に近い北部地区では、軍の陣地構築や防空任務への動員に加え、憲兵隊や航空情報隊、特設警備隊とともに敵戦車の行動を阻止する任務が与えられた。道路を材木で閉鎖し、橋梁を落とす危険な戦闘的任務であった。

塔路町では海岸近くに陸軍の飛行場があり、同町の義勇戦闘隊は飛行場をソ連軍が利用するのを阻止する爆破任務が課された。爆破のプロである同町三菱炭鉱義勇戦闘隊が特設警備隊小隊に協力し、同炭鉱所有の火薬を爆破させ、滑走路に大きな穴を作り離発着不可能な状態にした。空襲を受けながらの作業であり、戦闘隊員の中から重傷者を出すに至った。

ソ連機による空襲が激化する中で、義勇戦闘隊は各地域でさらなる任務を与えられた。軍部隊が駐屯していない地区が多く、戦闘隊への転移命令もないうちに、満足な武器も持たず与えられた任務に向かった。

気屯では、八八名の隊員が一〇日か一一日に、上敷香の航空情報隊の指揮下に入った。各自が手榴弾二発を持ち、ソ連軍の接近時に軍道上の木橋を破壊し阻止する任務を与えられた。その後、上敷香まで後退の命令が出たが、移動を開始したとき、今度は憲兵隊から当初の任務どおりの気屯での戦車阻止を命じられたのである。

このように指揮系統が乱れており、義勇戦闘隊のみがいたずらに走り回る状況が生まれた。しかも、憲兵隊はその間に戦闘隊を残して南下してしまい、これを見た隊員は憲兵隊になぐり込みをかけようと騒然となったという。

上恵須取の戦闘隊では、兵役体験をもつ隊員に対し軍の陣地構築の命令が下された。それ以外の隊員には避難民の保護の任務が課され、女子隊員は同地区に配備された部隊の炊事を担当した。

名好町北小沢の戦闘隊は五〇名ほどで組織され、ソ連軍の上陸開始に備えて、船入澗《ふないりま》を見おろす崖上に小銃を据えた。舟艇が澗《たに》に入るのを見届けて灯台を爆破し、崖上から猛攻を加え、斬り込んで機関銃などを分捕り山中に逃げこむ手はずを決めていたという。

また、防空壕を拠点にゲリラ戦を行ない、さらには山を越して名好川に出て、分水嶺から白雲《はくうん》峡に出る想定で、あちこちにダイナマイトを詰めた一斗缶の地雷を埋設した。*43

3　戦闘によってもたらされた悲劇

①ソ連軍との激戦

◎塔路町

同町の義勇戦闘隊は、八月一三日に、隊長が二万数千人にのぼる老人、婦女子をひとまず恵須取町大平炭鉱に避難させる命令を下した。軽機関銃と小銃装備の一個小隊ほどの警官隊と、竹槍や日本刀しかない義勇戦闘隊による、多数の老人・婦女子を守りながらの避難が開始された。

終日激しい空襲にさらされながら、炭鉱の裏の山道をよじのぼり、大平まで八キロの山越えを迫られることになった。山越えが困難な家族は、戻って丸越沢などに避難した。三菱坑では坑道に一四〇〇人ほどの家族が身をひそめた。

その間、ソ連軍の浜塔路への上陸の知らせが流れ、急きょ雄武洞《おむどう》の発電所ではボイラーと発電機を爆破し、三菱義勇戦闘隊では斬込み隊が結成された。やがて、上陸はデマと判明したが、斬込み隊の出撃寸前に、残していく家族を思い同炭鉱医師が一家に青酸カリを渡し、全員が心中するといういたましい事件が起きた。医師もその後を追った。

また、ソ連軍上陸の報が伝わったとき、先述の三菱坑に逃げ込んだ約一四〇〇人の家族に対し自決が促された。それを見届け、義勇戦闘隊がソ連軍に斬り込む手はずであった。

土嚢を坑口《こうぐち》に積んで密閉し、通風管にダイナマイトを仕掛ける作業が進められた。同鉱員の斉藤政雄の話によると、電話による爆破命令が届いたが、スイッチを押す職員が自らの手で多くの隣人を殺すことを泣いてためらっていると、まもなく中止命令がきたという。早まって実行していたら、樺太における最大の悲劇になっていたとされる。

◎恵須取町

一六日に、ソ連軍は本格的な上陸を開始した。警備に当たった戦闘隊とソ連軍部隊との間で戦闘が発生した。ソ連軍の部隊が恵須取に入ると、市街地区の義勇戦闘隊は軍とともに激しい戦火をまじえた。さらに、浜地区に上陸したソ連軍部隊に対し同地区戦闘隊が迎撃を行ない、死傷者を出した。

戦闘隊の戦闘はその後も続いたが、にわか編成のため指揮系統が確立しておらず、軍との連携も不十分だった。海岸線と直線道路を進攻した二つのソ連軍部隊の間に、装備ゼロに等しい義勇戦闘隊が取り残される結果となり、さらなる多くの犠牲が生み出されることになった。

ソ連軍の一隊は舟艇で恵須取川の河口の入泊に上陸し、戦闘の結果、市街川尻の戦闘隊はほとんど戦死したという。この戦闘の様子は、次のようなものであった。

「川尻には軍の転進を知らずに踏みとどまっていた義勇戦闘隊員があったらしく、十七日朝、北からの攻撃が開始され、次いで午前十時半、海岸に新たな部隊が上陸、王子工場を手中にしたあと稲牛《いなうし》に進出した部隊に退路を断たれて壊滅したとみられる＊44」

この戦闘の詳しい状況や損害は、その後も不明のままであり、腐敗した遺体は氏名の識別もできず、海に投げ入れられたという。＊45

また、同町では、ソ連軍の塔路への上陸が確認されると、義勇戦闘隊は内恵《ないけい》道路の起点付近に集合させられた。鉄筋コンクリート二階建ての高い望楼を備えた建物があり、そこが戦闘隊本部とされた。建物の裏山には、山肌をくり抜いて作られた二〇〇〇人ほど収容できる横穴壕があり、大勢の義勇戦闘隊員が集結し、竹槍を手に横穴壕の中に潜んだ。その中で火焔瓶作りも進められた。

午後、塔路への上陸援護に集中していたソ連機は、恵須取に目標を変え王子製紙工場などへの爆撃を開始した。同四時ごろには早くも一個中隊のソ連軍が、直線道路を進み市街に接近しつつあった。

町の上空には、延べ二〇〇機のソ連機が飛来し銃爆撃を繰り返した。動くものと見ると人一人でも執拗に機関銃をあびせかけたという。正午過ぎ、戦闘機からの援護の下、ソ連軍は塔路方面から直線道路を通り市街地に突入し、王子製紙工場付近を占領するに至る。さらに恵須取の包囲を図り、日本軍陣地を目ざして進撃を行なった。

戦闘隊員は猟銃をもつものは横穴壕から出て、ますらお川の左岸堤防上に散開し応戦した。だが、上空からはソ連機が急降下し攻撃を重ねてきた。

日本軍の対応は、上恵須取方面へ部隊を進出させることによって、上恵須取への避難路を確保することであった。支庁長や町長を含む市民男女四〇〇名が、夜間に撤退を開始した。ソ連軍との遭遇を避け山道をあえて通り、翌一七日午前三時頃上恵須取に到着した。

この恵須取からの撤退の際、浜市街で戦火を交えていた義勇戦闘隊に撤退の連絡が届かず、戦闘の中で命を落とした者も多数いたという。

また、中野学校の将校が派遣されていたことからも、国境線と前線を挟んでスパイ合戦が行なわれ、隊員もそれに巻き込まれた。

夜中に沖合でライトが点滅し、陸上から呼応するようにライトが光ったことから、潜水艦とソ連軍スパイとの交信だとみなされた。夜明けとともに山狩りが行なわれ、朝鮮人二人がスパイ容疑で逮捕された。戦闘隊員も加わり、二人の容疑者が処刑された。戦後に、義勇戦闘隊員も含め関係者がソ連軍によって捕らえられ、戦闘隊員八名が銃殺された。[*46]

②学徒義勇戦闘隊の戦い

ソ連軍の参戦に対し、八月一三日、戦闘隊員は第八八師団の指揮下に入った。地区特設警備隊あるいは義勇戦闘隊として、在郷軍人や中学校、青年学校生徒など約三六〇〇名が召集され、沿岸警備、対空監視、陣地構築、軍需品輸送、避難者の援護など様々な任務に就くことになった。

生徒たちの中には地区特設警備隊に配属された者や、地域の義勇戦闘隊に所属した者などがあり、恵須取中学校、敷香中学校では、上級生で特設警備隊の指揮下に入り立哨《りっしょう》などの任務に就いた生徒もいた。

さらに、恵須取地区では青年学校、中学校、工業学校の生徒たちによって「学徒戦闘隊」が編成された。ソ連軍の上陸に備え、小学校に起居しながら陣地構築にあたることを任務とした。

また、敷香中学校では一四日、支庁長官から「国家の非常時に際し学徒報国隊を戦闘義勇隊とし、国難に殉ずべし」との訓電が届いた。翌一五日、林獅子三校長、配属将校桑原一美中尉を本部員とし、吉川次郎教頭、花井宗雄教諭を第一、二中隊長として「学徒戦闘隊」が組織された。校旗の金色の房の一部を抜きとり、形見としてお守り袋に入れ訣別《けつべつ》式を行なったという。[*47]

「学徒戦闘隊」の特異な事故も起こっている。戦車壕づくりに動員された恵須取中学四年生で、ソ連軍の捕虜となった生徒がいた。炭坑作業の捕虜大隊に組み入れられ、重労働を課された状況の下で事故にあい、重傷を負って死亡したという。[*48]

③鉄道義勇戦闘隊の犠牲

さらに、国内では七月二三日に結成された鉄道義勇戦闘隊が、樺太でも八月一日に正式に編成されている。第一復員局「鉄道作戦記録」によれば、隊員は八七九九名におよんだという。

この鉄道義勇戦闘隊の活動について、西海岸南部地区に置かれた小能登呂《このとろ》駅では、駅長と助役、女子職員二名の四名が防空壕と駅舎にとどまり、ソ連軍の砲撃に関する情報を報告し続けた。蘭《らん》泊《どまり》駅の駅長は、駅員を避難させたのちも一人残り、真岡の状況の報告を続けたという。

さらに最北端の古屯駅では、国境の戦闘に向かう部隊や軍馬、糧食などの輸送業務に、女子職員をふくむ全員がたずさわった。軍用列車への空襲は凄まじく、爆撃による死亡一五名、銃撃による死亡二一名、その他による死亡四四名の大きな犠牲が生まれることとなった。[*49]

以上に見てきたように、樺太の国民義勇戦闘隊は素手に近い貧弱な装備で戦闘に動員され、また軍の支援もほとんど受けることなく最前線に立たされ壊滅していった。それは、全国各地で結成されようとしたすべての国民義勇戦闘隊の結末と悲劇を象徴するものであった。

＊1愛知県公文書館蔵「昭和十九年受付文書綴」

＊2同上「昭和二十年受付文書綴」
＊3『愛知県教育史　資料編　近代　四』八二七頁〜八二九頁。
＊4佐藤明夫『戦争動員と抵抗　戦時下・愛知の民衆』同時代社、二〇〇〇年、八二頁。
＊5花井三二「学徒義勇隊」愛知県民生部障害援護課編・発行『草の根の語りべたち』一九九六年、三〇四頁。
＊6桑名誠一、都築亨『少国民の錬成と学徒義勇隊——戦時下の教育改革とその崩壊』社会評論社、一九九七年、一四九頁。
＊7大野富士夫「人間爆雷からの解放」前掲『草の根の語りべたち』二五八頁。
＊8前掲佐藤八五頁〜八六頁。
＊9久野一『昭和中学一回生回顧録　第一編』二〇〇五年、一七四頁。
＊10前掲花井三〇五頁。
＊11太田和男「訓練・十五歳の一ヶ月」岐中昭和二三年卒一同『二〇四円〇八銭の青春——岐中72期生・戦中戦後の記録』一九九五年、二二二頁。
＊12桑名誠一、前掲都築一四九頁。
＊13前掲大野二五八頁。
＊14「金山政喜日記」前掲佐藤八八頁。
＊15「児玉猛日記」同上佐藤八八頁。
＊16林友男「学徒義勇隊の幹部訓練」前掲『二〇四円〇八銭の青春』二二四頁。
＊17池田芳雄「愛知の学徒義勇隊」愛知県高等学校教職員組合退職者の会編『私達の戦争体験』一九九五年、六四頁。
＊18山崎富三郎「学徒義勇隊幹部訓練」三重県教職員組合南勢地区高等学校支部『平和教育を進めるために

――戦争体験記録文集――』一九九一年、三〇頁。
＊19前掲池田六五頁。
＊20前掲太田二二二頁。
＊21前掲大野二五八頁。
＊22前掲林二二四頁。
＊23前掲池田六四頁。
＊24前掲太田二二二頁。
＊25以下の叙述等は、林采成「日本国鉄の戦時動員と陸運転移の展開」『経営史学』第四六巻、第一号、二〇一一年六月を参照。
＊26防衛省防衛研究所戦史研究センター所蔵資料の階層「陸軍一般史料／中央／全般／鉄道」の「軍事鉄道記録　第3巻　4大東亜戦争　大東亜戦争間に於ける大本営の軍事鉄道施策の概要　内地鉄道、樺太、台湾鉄道、朝鮮鉄道を含む　5満洲鉄道」。
＊27三重県戦略企画部戦略企画総務課が企画した、戦後七〇周年記念事業「戦争体験者の生の声を次世代に語り継ぐ」での証言による。公開日：平成27年8月31日（http://www.pref.mie.lg.jp/MOVIE/005984.htm）
＊28保田直文『鉄門』自家版、一九八四年、四一頁。
＊29同上四一頁。
＊30「中部日本新聞」一九四五年七月一五日付。
＊31四日市市立教育研究所編『四日市市教育百年史』四日市市教育委員会発行、一九八二年。
＊32前掲「昭和二十年受付文書綴」
＊33同上「昭和二十年受付文書綴」

＊34以下の本節の記述は、『樺太終戦史』（樺太終戦史刊行会、全国樺太連盟、一九七三年）および金子俊男『樺太一九四五年夏――樺太終戦記録』（講談社、一九七二年）に多くを負っている。
＊35同上『樺太終戦史』一九二頁。
＊36同上一九五頁。
＊37沖縄戦における中野学校出身将校の軍事訓練と少年兵の動員（護郷隊）については、石原昌家「沖縄戦」藤原彰・今井清一編『十五年戦争史3　太平洋戦争』（青木書店、一九八九年）。その他、福地曠昭『少年護郷隊』（沖縄時事出版、一九八七年）、川満彰『陸軍中野学校と沖縄戦：知られざる少年兵「護郷隊」』（吉川弘文館、二〇一八年）を参照。
＊38『浜松市史三』「国民義勇兵役法浜松市義勇戦闘隊」浜松市編、一九八〇年、六六三頁〜六六四頁。
＊39畠山清行『陸軍中野学校5　ゲリラ戦史』番町書房、一九七三年、一一八頁〜一三六頁。
＊40同上一三六頁。
＊41こうした遊撃戦の戦法と訓練を最初に大規模に適応したのが、沖縄戦であった。大本営は一九四四年八月に、沖縄守備軍第三二軍に二つの遊撃隊の編成を命じている。すなわち中野学校出身の幹部将校と下士官十数名を沖縄に派遣し、「護郷隊」という名称の遊撃隊を一〇月に組織している。「第一護郷隊」は沖縄本島北部の多野岳に、「第二護郷隊」は沖縄本島中部の恩納岳に配置され、ただちに戦闘訓練が開始された。当初は、総計約七〇〇名規模の部隊であったが、四五年二月に入ると、沖縄県立第三中学校の鉄血勤皇隊の一部（約一五〇名）が配属され、さらに八重山各離島から一六歳から一九歳の少年兵約二〇〇名を召集し編成が強化された。中学生や少年兵の方が、敵を油断させて攻撃しやすいという理由と、遊撃戦には地域住民の協力が不可欠であり、そのため作戦地域の出身者による編成を策したのである。また、隊員の護郷精神（郷土愛）により戦闘意欲を昂揚させる狙いもあった。以上については、前掲の『少年護郷隊』についての著作を

参照。

＊42前掲『樺太終戦史』。戦闘隊の武器についての状況は、二五八頁以下の記述による。

＊43前掲『樺太一九四五年夏――樺太終戦記録』一三七頁。

＊44前掲『樺太終戦史』二八六頁。

＊45前掲『樺太一九四五年夏』一八六頁。

＊46同上金子一八七頁。

＊47前掲『樺太終戦史』一九六頁。

＊48同上二六四頁。

＊49同上二六三頁。

おわりに

国民義勇隊は一九四五年五月末までに結成を命じられた後、約三カ月で、また同六月に編成を開始した国民義勇戦闘隊は約二カ月で、それぞれ八月一五日の大日本帝国の崩壊と共に消え去った。[*1] それは、大日本帝国の最終末期に「一億総特攻」を目ざし、国家により強制的に結成された国民組織であった。

しかし、存続の時期が短かったことが、決して歴史的な意味の重要性の低さに結びつくわけではない。むしろ、こうした最終末期の相貌《そうぼう》こそが、かえって大日本帝国とは何であったのかの本質を、さらにはあの戦争が、国民をどこに、そしてどのように追い込んでいったのかを明確に示すことになるのではないだろうか。

本書は、新たに発掘した各地の資料の分析を進め、各章の記述を通して国民義勇隊と国民義勇戦闘隊さらには学徒隊の創設と展開、そして動員と訓練、さらには実際の戦闘と終焉の実態を明らかにしようとしてきた。

しかしながら、「はじめに」でも明らかにしたように、国民義勇戦闘隊に関する一次資料の多くが、軍によって組織的に焼却・隠滅され、その結果、戦後の長きにわたってその実態は国民の目から隠され続けてきたのである。

だが、以下のような国民義勇戦闘隊の体験者からの、生々しい証言を消し去ることはできないだろう。

戦後七〇年余を経た二〇一七年、第七章で記した樺太国民義勇戦闘隊員として、一六歳で戦闘に参加した金沢正信は、八八歳となって当時を回想し、まるで昨日のことのように生々しい証言を行なっている。[*2]

「戦うぞと命令されたものの、鉄砲がないと言われて、〝何じゃ？〟と思ったね。だって戦争するにしたって武器がなかったらどうしようもないでしょう。その代わりに渡されたのが竹やり。召集して竹やりだよ？　竹やりで戦争せいって、裸よりかいいかもしれんけどね、そんなもんで戦争になるはずないさ。竹やりを持って、突っ込めとか言ったって、そんなことできるはずがないんだけど、上のほうの命令だからみんな断れない。あと鉄砲はなかったけど代わりに手榴弾だけはみんなに一つずつ配られたわ。自決用の。人間自分で自分を刺して死ぬなんてできるもんじゃないから、それを腹にまいて自殺する用のやつなんだ」

金沢は、塹壕に入ってひたすら息を潜めることになったという。そして、八月一五日。しかし、終戦の知らせは届かなかった。

「8月15日ったって、何も流れなかった。ラジオなんてあるといったって、ピーピーピーピー言うだけ。戦争が終わったなんて、集められたやつらは誰もわからなかった。でも不思議なことに、憲兵と軍が、我々を塹壕に置いたまま逃げちゃったんだ。みんなひそひそ話してバラバラに逃げたもんだから、残ったのは我々だけ。教えてくれりゃいいだろう？　戦争終わったぞというぐらい。まあそんなこととも知らずに我々は塹壕に入ってるんだもんね。我々素人だけが戦場に取り残されたのさ」

翌一六日にも、金沢は国民義勇戦闘隊として戦闘に加わった。

「あっちの自動小銃がババババッという音。こっちは頭から草と鉄兜かぶって、撃ち合いになったのさ。何発か必死で撃ち返したけど、顔のすぐ横を通過する銃弾があまりに恐ろしくて、すぐ脇の草の陰に身を潜めた。死んだふりして戦うのをやめたんだ。ちょっとでも動けばどっから弾飛んでくるかわからない。ひたすら恐怖に耐えるしかなかったんだ」

こうした極限状態の中で、金沢はなんとか生き延びた。しかし竹槍を持って突撃したほかの義勇戦闘隊員のおよそ三〇名は全滅したという。圧倒的な戦力の差であった。このように軍や憲兵隊がいつのまにか姿を消していた状況の下で、国民義勇戦闘隊は素手に近い状態で戦闘に駆り立てられた。

この樺太地上戦に関し、歴史家の保阪正康は「本土決戦」と関連させて、次のように述べている。

「本土決戦というのは、一億玉砕、国民全てが玉砕体制の下で戦う戦争です。樺太地上戦は、本土決戦そのものの本質を如実に表しています[*3]」

まさに、その「本土決戦」の実態が明確に示されたのが、国民義勇戦闘隊の結成とその終焉の姿であった。

また、同じ第七章で記した愛知県の「学徒義勇隊幹部訓練」に召集された生徒たちは、戦後五〇年の節目で、当時を回想し次のように語っている。

「あれから五十年、この時の苦しい体験は今でも夢に見ることがあり、それが鈴鹿《すずか》の練兵場であったり、浜辺の砂地だったりするが、どの場面も、戦車が火を噴きながら蛸壺に隠れている自分の方に向かって来るのである。なんとかせねば、早く爆雷に火をつけ投げねばと焦せれば焦せるほど、火がつかずその内に目覚めて、ああ夢で良かったとほっとする。私の戦後五十年は、肉弾攻撃から解放された喜びであり、換言すれば生きている喜びと、平和の尊さの実感である」[*4]

「竹槍と火たたきで日本がかてるはずもなく、無謀な戦争であることは自明である。しかし幼いときから赤子としての教育をうけ、疑問を感じてもそれを糺《ただ》すことすら出来ないミリタリズム社会の流れの中では、本土決戦こそ聖戦の終結だと思わざるを得ない」[*5]

「十五歳だった少年も、妻を娶《めと》り子を得て今では孫が命の六十三歳。もう少し戦争が長引き、本土決戦になったとしたら、あのときの少年兵士は人間爆弾として敵戦車の露と消え、私の現在もなかったのである」「平和の尊さは人の尊さだと、私達は子供や孫にあの頃の全てを語り続けねばならない。そして自分達の歴史の中にその事実を書きとどめる必要を感じたのである」[*6]

当時の学徒たちは、あの苛酷な体験の記憶を、何十年を経ても抱えながら生きている。

この日本で、「聖戦」や「本土決戦」の名のもとに引き起こされた、これら国民義勇戦闘隊や学徒隊についての実態をさらに明らかにし、その歴史を冷静に直視し解明し、私たちは当時の人々の想いを幾度も問い直し、引き継いでいかなければならない。

＊1国民義勇隊は、一九四五年八月二〇日の、以下の閣議決定「国民義勇隊ノ解散ニ関スル件」により消滅するに至った。
「内務大臣請議 国民義勇隊、解散ニ関スル件 右閣議ニ供ス 内務省発地第一四四号 国民義勇隊ハ現下ノ実情ニ鑑ミ之ヲ解散スルコトニ致度 右閣議ヲ請フ 内務大臣山崎巖 内閣総理大臣稔彦王殿下 理由 国民義勇隊ハ大東亜戦争遂行上全国民ヲ挙ゲテ国土防衛ノ完備ヲ目標トシ当面喫緊ノ生産及防衛ノ一体的飛躍的強化ニ資スルト共ニ情勢急迫セバ武器ヲ執リテ蹶起スル態勢ニ移行スル準備ヲ為スタメ組織シタルモノナルモ戦争終熄ノ現段階ニ於テハ既ニ存立ノ目的ヲ喪失セルヲ以テ之ヲ解散スルヲ可トスルニ依ル」（国立公文書館太政官・内閣関係公文類聚昭和元年〜二〇年第六九編・昭和二〇年／公文類聚・第六十九編・昭和二十年・第五十三巻・軍事二・海軍・防空・国民義勇隊・終戦関係・雑載）
ただし、国民義勇戦闘隊の解散に関しては、本文で詳述したように多くの法的・制度的根拠をもって創設された組織・制度であるにもかかわらず触れられていない。
＊2NHKスペシャル取材班は、二〇一五年から一七年にかけて樺太地上戦に関する取材を行ない、金沢正信も証言を行なっている。前掲『樺太地上戦　終戦後7日間の悲劇』七二頁〜七七頁。
＊3同上『樺太地上戦　終戦後7日間の悲劇』一二六頁。
＊4前掲『草の根の語りべたち』二五九頁。
＊5前掲「訓練・十五歳の一ヶ月」岐中昭和二三年卒『二〇四円〇八銭の青春――岐中72期生・戦中戦後の記録』二二一頁。
＊6同上太田二二三頁。

あとがき

「アジアの解放」「聖戦」と呼号された戦争（私の父も戦場に行った）は、一九三一年に始まり一九四五年に敗戦を向かえた。それは、アジア・太平洋の人々にあまりにも大きな惨禍を及ぼすものとなったが、それに加えて日本国民、中でも若者たちや子どもたちにいったい何をもたらしたのだろうか、この問いを私はずっと持ち続けてきた。

例えば日本軍兵士たち。彼らの多くは仕事や家族を残し、北は凍てつくアリューシャン列島のアッツ島やキスカ島、西は中国大陸の奥深く内モンゴルや武漢、長沙等に至るまで、南はビルマ（ミャンマー）やベトナム、シンガポール、フィリピン等、南東はグアム、サイパン、ガダルカナル等へと、武装して進軍し占領を行った。

兵士たちは、アメリカ・イギリス・オランダ・オーストラリア等の連合軍と死闘を繰り返しながら、それにもまして兵站《へいたん》や補給の軽視と崩壊による、餓えと傷病に苦しみ死んでいった。

しかし、命令された戦地にたどりついただけでも、ある意味でまだよかったといえるのかもしれない。日本各地で刊行されている『市町村史』には、地域の出征兵士たちの戦死者名簿が掲載されているものがあり、戦死の場所として「日本海」や「太平洋」がずらりと並んでいるのを見て、慄然としたことがある。戦地への輸送の途中で船が沈められ、海洋で空しく溺れ死んでいった三〇万人を超える兵士たちの「海没死」である。

吉田裕『日本軍兵士』（中公新書、二〇一七年）が明らかにしているように、日本兵の戦死者が直接の戦闘によるものではなく、むしろ餓死や病死、溺死が大半を占めていたという非情な事実がそのことを示している。

そして、戦病死した二三〇万人にのぼる兵士たち（軍属を含む）の多くには、故郷に残した子どもたちがいたことを忘れてはならない。「戦歿兵士の遺児」たちである。彼らは「名誉」の戦死を遂げた父の名を辱めることなく、父以上の「立派」な兵士・国民になるようにと、「誉れの子」と呼ばれた。父を突然に奪われた子どもたちは、戦後の日常生活においても、父のいない人生を一生過ごさなければならなかった。戦争は決して終わることはなかったのである（拙著『誉れの子」と戦争』中央公論新社、二〇一九年）。

また、学生のままで「学徒出陣」した多くの若者たちもいた。先般、彼らの一人である林尹夫《ただお》の遺稿ノート四冊の完全翻刻をすることができた。海軍飛行兵となった彼は、「オプティミズムをやめよ。眼をひらけ。日本の人々よ、日本は必ず負ける」とノートに記し、さらに「若きジェネレーシヨン、君達はあまりにも苦しい運命と闘はねばならない。だが頑張つてくれ」と書き残した。アメリカ海軍機動部隊への偵察を命じられ、高知県室戸岬沖に出撃し、二三歳で帰らぬ人となった（『戦没学徒 林尹夫日記 わがいのち月明に燃ゆ 完全版』三人社、二〇二〇年）。

そして、本書では、前線へと動員はされず日本本土に残った老若男女の国民たちに対し、あの戦争が何をもたらしたのかを問いかけた。アメリカ軍の無差別爆撃や原爆により大量の被災者が生み出されたが、彼らを含む国民にいったい何が課されたのか。

敗戦の年の六月、男子一五歳以上六〇歳以下、および女子一七歳以上四〇歳以下のすべての国民に「兵役」を課す「義勇兵役法」が公布された。「天皇親率ノ皇軍」として「本土決戦」のために、「一億総特攻」を担う国民義勇戦闘隊の制度化である。

この国民義勇戦闘隊に関する資料は、本文でふれたように敗戦直後に軍によって組織的に焼却・湮滅《いんめつ》されたため、今日に至るまでその実態はほとんど把握されてこなかった。しかし、この間の調査によって、各地でかろうじて残されていた貴重な資料を見いだすことができた。本書は各章をとおして、それらを詳細に検討し、国民義勇戦闘隊の実態について考察を推し進めたものである。

本書が成り立つにあたっては、先行研究からの教示、そして多くの方々や各地の機関からのご協力とご助言をいただくことができた。

福井県旧平泉寺村の役場文書調査では福井県文書館や勝山市教育委員会文化財保護室、平泉寺公民館の協力を得た。京都府旧木津村文書の調査では京丹後市教育委員会、同旧乙訓村文書の調査では長岡京市教育委員会、その他、群馬県立文書館、長野県上田市公文書館、新潟県上越市公文書センター、愛知県公文書館、大阪府公文書館、京都府立京都学・歴彩館、岡山県津山市人権啓発課、広島市公文書館、防衛省防衛研究所戦史研究センター等から資料閲覧のご協力をいただいた。

その他、個々のお名前を記すのは控えさせていただくが、多くの方々のお力添えと助言を得ることができた。そして本書の編集の過程では、朝日新聞出版の松尾信吾さんが伴走してくださった。ここに記して、厚くお礼申上げたい。

本書が、あの戦争の真の姿を明らかにし、これからも伝えてゆく一つの手がかりとなれば幸いである。

二〇二一年五月一四日
斉藤利彦

斉藤利彦（さいとう・としひこ）
1953年福島県生まれ。学習院大学文学部教育学科教授。博士（教育学）。東京大学法学部卒業、同大学院教育学研究科博士課程修了。学習院大学助教授などを経て、94年より現職。専門は日本近代教育史、青年の自己形成史。著書に『「誉れの子」と戦争』（中央公論新社）、『海後宗臣教育改革論集』（編著、東京書籍）、『学校文化の史的探究』（編著、東京大学出版会）、『明仁天皇と平和主義』（朝日新書）、『作家太宰治の誕生――「天皇」「帝大」からの解放』（岩波書店）、『試験と競争の学校史』（講談社学術文庫）、『新日本古典文学大系 明治編 教科書・啓蒙文集』（共著、岩波書店）など。

朝日選書 1021

国民《こくみん》義勇《ぎゆう》戦闘隊《せんとうたい》と学徒隊《がくとたい》
――隠蔽《いんぺい》された「一億総特攻《いちおくそうとっこう》」――

2021年6月25日　第1刷発行

著者　斉藤利彦

発行者　三宮博信

発行所　朝日新聞出版
〒104-8011　東京都中央区築地5-3-2
電話　03-5541-8832（編集）
03-5540-7793（販売）

印刷所　大日本印刷株式会社

ISBN978-4-02-263108-4
定価はカバーに表示してあります。